4

창의적 재량활동 시리즈

★ 교사용 지도서 ★

창의력 향상전략

전도근 저

학지사

머리말

창의력에 대한 관심이 그 어느 때보다 높다. 교육과학기술부는 2010년 5월 18일 '창의력과 인성 함양을 위한 교육내용 · 방법 및 평가체제 혁신방안'을 발표하였다. 방안을 살펴보면 교육과학기술부는 앞으로 교과학습 분량을 현재에서 20% 이상 감축하고, 체험활동을 위한 기업 · 대학 등 외부기관과의 협력을 통해 고질적인 암기 위주 교육에서 창의력과 인성을 강조하는 방향으로 틀을 바꾸겠다고 하였다. 정부가 교육정책 방향을 창의력과 인성에 중점을 두기로 했다는 뜻이다. 교육과학기술부는 새로운 지식과 가치를 창출하고, 더불어 사는 능력이 요구되는 미래 사회가 지식뿐만 아니라 창의력과 인성을 고루 갖춘 인재를 요구한다며 추진 배경을 밝혔다.

창의력은 상급학교 진학 시, 입학시험에서도 주요 요소로 활용되고 있다. 수학, 과학 영재들의 학습 기관인 과학영재학교, 과학고등학교, 영재교육원 등의 입학 전형에서도 창의력 요소를 평가하고 있는 것이다. 아무리 학교 성적이 좋아도 창의력이 부족하다면 뛰어난 인재로 인정받기 어렵고, 능력을 발휘할 기회조차 얻기 어려운 것이 현실이다. 앞으로 학부모들은 자녀 교육에서 창의력과 인성을 핵심 키워드로 삼고 관심을 가져야 한다.

사회의 급격한 발전과 변화가 우리의 생활을 송두리째 바꾸어 감에 따라 새로운 상황과 어려움에 자주 직면하게 된다. 이러한 상황에서 살아남으려면 무엇보다 능동적으로 사고하고 창의적으로 문제를 해결하는 능력이 필요하다. 이 세상의 변화는 창의력을 가진 인재에게 달려 있다고 해도 과언이 아니다. 그러기에 창의력은 누구나 갖추어야 하며, 누구에게나 가르쳐야 한다는 교육적 필요와 당위성이 제기된다. 물론 이미 교육현장에서는 교육의 양적 팽창보다 질적 내실화를 위한 교육의 질적인 발전을 이루고자 탐구력, 창의력, 사고력, 자기 주도적 학습 능력 등을 신장하기 위한 방안이 모색되어 왔다. 다만 창의성 교육에는 다소 미흡한 점이 있었다.

아직은 창의력에 대한 개념 정의 자체가 분분하기 때문에 이를 수용하거나 인식하는 사람에 따라 다양했던 것은 사실이다. 그러다 보니 창의력이라는 이름으로 오히려 창의력을 떨어뜨리는 교육이 진행되어 온 것이다.

이 책은 교사들이 교육현장에서 다양한 창의성 교육을 실천할 수 있도록 참고자료 역할을 하는 데 목적이 있으며, 더 나아가 교사들의 다양한 교수 · 학습 활동 방안을 모색하고 아이디어를 생산해 내는 실마리가 되도록 하는 데 부차적인 목적을 둔다. 이에 따라 이 책은 창의성 교육과 관련한 각종 연구물과 정보를 종합한 결과물로서, 우리 교육현장에 어떻게 적용할 것인가를 탐색해 보고 기본적인 방향을 안내하기 위하여 집필되었다. 미래에 필요하게 될 창의적 인재 육성을 목표로 창의성 교육에 대한 구체적인 지도 방법과 자료를 다양하게 수록하였음은 물론이다. 이 책을 통해 학생들의 창의력을 신장시키는 교육 활동이 더 활발하게 전개되기를 기대해 본다.

2011년

전도근

차 례

제4장 창조적 인간이 되는 노하우

제5장 창의력을 높이는 창의적 사고 과정

이 책의 활용 요령

이 책은 창의력 향상을 위한 다양한 프로그램으로 구성되어 있다. 또한 이 책은 각 장별로 활동이 들어 있으며, 활동을 통해 창의력을 높일 수 있도록 문제를 구성하였다.

이 책의 모든 활동이 그렇듯, 창의력을 기르는 것이 목적이지 정답을 구하는 것이 목적이 아니라는 것을 교사는 잊어서는 안 된다. 학생들은 문제풀이에 익숙하기 때문에 모범답안이 없으면 불안해하는 경우가 있다. 그러나 우리가 살아갈 세상은 모범답안이 있는 문제집 속의 세상이 아니다. 더 많이 생각하고 고민하는 사람이 앞서 나가는 시대다. 'Work hard'가 아닌 'Think hard' 할 수 있도록 어릴 때부터 습관을 기르는 것이 무엇보다도 중요하다.

창의력을 향상시키기 위한 지도는 다음과 같은 순서로 해야 한다.

첫째, 프로그램 지도 계획서를 참고 삼아 지도한다.

둘째, 단원별로 창의력 향상 전략을 지도한다.

셋째, 단원별로 마련된 활동을 통해서 창의력을 향상시킬 수 있도록 지도한다. 활동을 작성하게 하기 위해서는 먼저 를 충분히 숙독한 후 활동을 작성하는 방법과 목적을 충분히 설명해 주고 작성하도록 한다.

넷째, 학생들이 작성한 활동을 바탕으로 발표하게 하여 다른 사람의 생각을 이해하고 자신에게 유용한 아이디어를 얻게 한다.

교사는 수업을 진행하면서 학생들의 창의력을 저해하지 않고 사고의 촉진자가 될 수 있도록 노력해야 한다. 교사가 기존의 교육 방식대로 모범답안을 요구하게 되면 학생의 창의력은 더는 향상되지 않을 것이다. 어떤 대답이든 긍정적인 자세로 수용하려는 열린 마음이 필요하다. 또한 수업을 하면서 칭찬과 격려가 사고를 촉진시키는 강한 동기가 된다는 점을 잊지 말자.

회차별 지도 계획

다음에 제시되는 지도 일정표와 세부 내용은 참고할 수 있는 하나의 예다. 교사는 대상의 수준과 상황에 맞게 다양한 방법으로 수업을 이끌 수 있다.

회차	프로그램 명	세부 내용	비고
1	왜 창의력을 요구하는가	창의력이란 무엇인가? 창의력의 특징 창의력과 학습 능력의 관련성 창조적 인간이 필요한 창조혁명 창의력의 필요성	활동 1
2	창의성 교육의 원리	창의성 교육의 개념과 필요성 창의성 교육의 내용	활동 2
3		창의성 교육의 원리 창의력 향상을 위한 교육 활동 방법	활동 3~7
4			
5			
6			
7			
8		창의력을 높이는 대화 전략	활동 8~10
9			
10			
11		창의력을 높이는 언어놀이	활동 11~18
12			
13			
14			
15		수학을 이용한 창의력 향상 방법	활동 19~24
16			
17			
18	창의력을 높이는 발문 전략	창의력을 높이는 질문과 발문 발문의 유형 좋은 발문의 조건 창의력을 촉진하는 발문 발문 지도 시 주의사항	활동 25

19	창조적 인간이 되는 노하우	고정관념을 버린다 역발상의 사고를 갖는다 발상의 전환을 한다 하면 된다는 생각을 갖는다	활동 26
20		창의력은 빨라야 한다 끊임없이 변화를 시도한다 몰입하는 힘을 기른다 호기심을 기른다	활동 27
21	창의력을 높이는 창의적 사고 과정	주제 선정하기	활동 28~32
22			
23			
24		배경지식 활성화하기	활동 33~35
25			
26		아이디어 생성하기 아이디어 완성하기 아이디어 평가하기 아이디어 발표하기	활동 36~41
27			
28			
29			
30			
31			
32	창의력을 높이는 방법	변경한다	활동 42
33		변형한다	활동 43
34		결합한다	활동 44
35		제거한다	활동 45
36		추가한다	활동 46
37		적용한다	활동 47
38		반대로 생각한다	활동 48
39		과장해서 생각한다	활동 49
40		없는 것을 만들어 본다	활동 50

제 1 장

왜 창의력을 요구하는가

왜 창의력을 요구하는가	
세부 내용	• 창의력에 대한 개념 이해하기 • 창의력의 특징
목표	• 창의력의 의미를 알 수 있다. • 창의력의 특징을 설명할 수 있다. • 창의력의 필요성을 설명할 수 있다.

단계		교수 · 학습 활동	자료
1	도입단계	• 창의력에 대한 동기 유발 – 창의력이라는 단어를 듣고 떠오르는 생각 말해 보기 – 창의력의 뜻 알아보기	
2	전개단계	• 창의력이란 무엇인가? • 창의력의 특징 • 창의력과 학습 능력의 관련성 • 창조적 인간이 필요한 창조 혁명 • 창의력의 필요성	활동지 검사지
3	정리단계	• 학습 소감 발표 – 앞으로 창의력을 높이기 위해 할 수 있는 방법에 대해 발표하기 – 활용 계획 이야기하기	

1 창의력이란 무엇인가?

세상의 변화 속도는 더욱 가속도가 붙어서 이제 미래를 예측하기도 힘든 세상이 되었다. 세상의 변화만큼 빠르게 지식이 증가하고 있다. 이제는 세상에 넘쳐나는 정보와 지식을 이용해 차별화된 새로운 지식을 만들어 낼 수 있는 창의력이 중요한 시대가 되었다. 21세기 정보화 사회에서 가장 중요한 능력은 바로 창의력이다. 그러나 지금의 획일적인 공교육은 학생들에게 오히려 창의력을 저해한다는 비판의식이 높아지는 가운데 창의력을 높이기 위하여 각급 학교에서는 창의적 재량활동을 권장하고 있다.

창의력에 대한 중요성이 대두함에 따라 유아기 때부터 청소년기에 이르기까지 창의력 개발 교육은 물론 심지어 창의력이 높은 아이를 낳기 위한 태교법도 생겨나고 있다. 창의력이라는 말이 여기저기에서 쓰이는 만큼 그것에 대한 전문가들의 개념 정의는 다양하다.

창의력은 창조력이라고도 하며, 새로운 것을 생각해 내는 특성을 말한다. 창의력과 관련한 능력을 창조력, 독창력이라고 한다. 창의력과 유사 개념으로는 확산적 사고, 열린 사고, 측면적 사고 등이 제시되고 있으나 그 개념에서 상당 부분이 공통적인 것은 사실이지만 동의어로는 볼 수 없다. 일반적으로 확산적 사고, 열린 사고, 측면적 사고 등은 창의력의 필요요건이지 충분조건이 될 수 없기 때문이다.

창의력은 창의력보다 훨씬 포괄적인 개념으로, 새로운 생각이나 개념을 찾아내거나 기존에 있던 생각이나 개념을 새롭게 조합해 내는 것과 연관된 정신적인 능력을 말한다. 쉽게 말하면 창의력은 새로운 것을 생각해 내는 능력을 말한다. 요즘에는 창의력을 측정하는 지수로, 창의력 지수가 있다. 창의력 지수는 CQ(Creative Quotient)라고 하며, 새로운 아이디어를 만들어 내는 능력을 말한다. 창의력은 보통 창의적 사고 성향인 자발성, 독자성, 집착성, 정직성, 호기심 등을 살펴보고 진단한다.

창의적 인간이란 창의력을 갖춘 사람이란 뜻으로, 무엇이든 새롭게 생각하고, 새롭게 변화하는 사회에 쉽게 적응하고, 새로운 것을 만들어 낼 줄 아는 사람을 말한다.

2 창의력의 특징

창의력의 실체에 관해서는 아직 연구가 미진하여 어떤 이유나 원인으로 창의력이 길러지는지는 확실하지 않다. 그래서 창의력은 열심히 노력해서 길러지는 것이라기보다는 타고난 능력이라고만 생각하였고, 그래서 다른 사고 능력에 비해 어렵고 복잡한 능력이라고만 인식하였다. 그러나 창의력은 결코 특별한 사람만이 가지고 있는 거창하고 특수한 것이 아니라, 영장류도 훈련을 통해서 얻을 수 있다는 것이 여러 실험을 통해서 확인되었다. 이는 창의력도 다른 사고 능력과 마찬가지로 누구나 가지고 있는 보편적 능력이며, 그렇기 때문에 학습과 훈련으로 계발될 수 있다는 것을 의미한다.

창의력은 머리 좋은 사람에게만 나타나는 것이 아니라 평범한 사람들도 필요에 따라 놀라운 창의력을 발휘하는 것을 볼 수 있다. 따라서 창의력은 재능이나 유전보다는 조건이나 상황의 영향을 받는다는 것을 알 수 있다. 이는 평범한 사람도 창의력이 필요한 조건이나 상황을 만들어 주거나 훈련을 통해서 창의력을 높일 수 있다는 것을 의미한다.

학자들에 따라 약간의 차이가 있기는 하지만 창의력은 대략 3~5세 사이에 최고조에 달하여 발달하고 이후에는 서서히 퇴화한다. 어릴 때 창의력 계발이 절대적으로 중요한 이유가 바로 여기에 있다. 어릴 때 창의력이 높으면 나중에 성인이 되어 창의력이 사라져도 남는 것이 많지만, 어릴 때 창의력이 부족하면 나중에 성인이 되어서는 창의력이 완전히 없어질 수도 있다는 뜻이다.

또한 어릴 때는 부모가 조금만 주의를 기울여도 일상적으로 스칠 수 있는 사소한 것으로부터 아이들의 창의력을 키워 줄 수 있으나, 성인이 되어서는 훈련을 통해서만 창의력을 높일 수 있다. 따라서 창의성 교육은 나이가 어릴수록 훨씬 효과적이며, 간단하게 할 수 있다. 결국 창의력은 내면 깊숙이 감춰진 인간의 본성이기 때문에 선천적으로 머리가 좋은 영재나 수재에게만 나타나는 능력이 아니고 후천적으로 쌓아 갈 수 있는 능력이다.

창의력에서 남녀의 차이를 구별하기는 어렵지만 여성이 조금 높게 나타나는데, 이는 남자보다 여자가 어려서부터 감성적이고 다양한 놀이에 익숙해 있기 때문이라고 유추할 수 있다.

종합해 보면 창의력은 남녀노소를 구별하지 않고 훈련과 노력을 통해서 얻을 수 있으며, 창의력을 발현할 수 있는 다양한 경험을 할수록 누적되어 더 높아짐을 알 수 있다.

3 창의력과 학습 능력의 관련성

심리학자들에 따르면 태어나면서 뇌는 환경의 자극을 받아 성장하면서 6세경에 거의 완성된다. 지능도 6세까지 80%가 완성되듯이 창의력도 6세까지 대부분이 완성된다. 영재를 연구하는 학자들은 영재교육의 성패는 6세 이전에 결론이 나기 때문에 조기교육의 중요성을 강조하고 있다. 일찍부터 교육을 시작하면 학생이 갖고 있는 소질이 훌륭하게 정착되나, 반대로 교육이 늦을수록 원래 가지고 있던 우수한 소질은 점점 상실되기 때문이다. 지능과 창의력은 어릴수록 발달 가능성이 크며 이 시기에 적절한 자극이 필요하다는 것이 학자들의 일반적인 견해다. 즉, 유아의 신체에 영양이 필요한 것처럼 두뇌가 성장하는 데도 지적 자극을 주는 영양분이 필요하며, 이러한 자극을 통해 지능과 창의력이 발달할 수 있다는 것이다.

대개의 부모들은 초등학교 입학 전까지 조기교육에 대한 관심을 가져야 함에도 불구하고 중 · 고등학교 때 집중적인 투자를 한다. 두뇌발달 시기인 유아기에는 신체에 신경을 쓰고 발육 시기인 중 · 고등학교 때는 두뇌 계발에 집중하는 경우가 많다. 지능과 학습 능력 간에 상관관계가 높은 것처럼 창의력과 학습 능력 간에도 상관관계가 높다. 즉, 지능과 창의력이 높으면 학습 능력이 높고, 반대로 지능과 창의력이 낮으면 학습 능력이 낮다. 실제로 새로운 생각을 할 때 이미 배운 지식을 재생하여 활용하기 때문에 지능과 창의력의 연관성이 높듯이 시험문제를 풀 때도 지능과 창의력이 높아야 쉽게 해결할 수 있다.

창의력을 높이기 위해서는 어릴 때부터 훈련해야 하지만, 나이가 들어도 훈련으로 가능하다. 물론 어리면 뇌에 자극만 주면 되지만, 나이가 들수록 집중 훈련이 필요하다. 창의력을 향상시키기 위해서는 이성적인 좌뇌와 감성적인 우뇌의 통합과 조화를 이룬 훈련이 체계적으로 이루어져야 한다.

창의력이 부족한 사람은 늘 같은 것만 보고, 생각하고, 같은 방식으로만 행동하기 때문에 환경에 아주 작은 변화만 있어도 어쩔 줄 몰라 하며 당황하게 된다. 그러나 창의적 인간은 다양한 것을 보고, 듣고, 사물을 바라보는 다방면의 시각을 가졌기에 어떤 상황에 부딪쳐도 차분하고 현명하게 보다 나은 답을 찾아낼 수 있다.

4 창조적 인간이 필요한 창조혁명

미래학자 앨빈 토플러에 따르면 인간의 역사는 세 가지 변화를 거치며 발전하였다. 제1물결인 농업혁명(Agricultural Revolution)은 1만 년 전에 인간이 지구에 살기 시작한 이래 이동하며 살다가 정착하면서 땅에 씨를 뿌리고 경작한 데서 시작되었다. 이로부터 사람들은 유목이나 방랑 생활에서 벗어나 마을을 이루면서 나름대로의 문화를 형성하였다. 농업혁명에서의 부자는 바로 토지(Land)를 가진 사람이었다.

제2물결은 18세기 기계로 인한 산업혁명(Industrial Revolution)이다. 이후 사람들은 농장에서 벗어나 도시로 이동하고 공장에서 일을 하기 시작한다. 산업혁명에서의 부자는 토지(Land), 노동(Labor)과 자본(Capital)을 가진 사람이었다.

제3물결은 2000년을 기준으로 지식이 넘쳐나면서 나타난 지식정보화혁명(Information or Knowledge Revolution)이다. 대기업인 마이크로소프트사는 토지 · 노동 · 자본을 상품으로 만들어 파는 것이 아니라 바로 지식을 개발하여 파는 것으로, 부의 원천을 지식으로 보았다.

『제3의 물결』에서 토플러는 사회의 성패를 좌우하는 요인은 옛날처럼 교통수단이 아니라 통신기술이라고 하였다. 세계는 재화와 서비스를 이동하는 새로운 방식을 끊임없이 개발하고 있으며 그것에 앞서가는 조직은 살아남는다고 하였다. 통신기술의 발달은 정치 · 경제 · 사회는 물론이고 개인의 삶의 방식, 기업의 형태도 바꾸고 있다. 재택근무나 다국적 기업은 더 확산되어 가고 있다.

앞으로 다가올 제4물결로 상징되는 미래 사회는 한마디로 예측하기에는 너무나도 불확실하다. 국제화, 지방화, 정보화, 개성화 등 무수한 변화가 한꺼번에 오고 있기 때문이다. 과학 기술의 변화 속도는 눈부실 정도이고, 매일 자고 일어나면 새로운 기술이 개발되어 있고 새로운 물건이 만들어지고 있다. 미래 사회는 정해진 역사를 걷는 것이 아니라 우리의 실천에 의해 만들어지고 변화하기 때문이다. 이러한 변화 중에서도 정보화의 물결은 모든 변화를 주도하는 큰 흐름으로 부각되고 있다. 지난 10년 동안의 컴퓨터와 그 주변기기, 통신기술의 발달을 한 번 생각해 보면 1년 전에는 생각하지도 못했던 높은 성능의 제품과 서비스가 시장에 속속 등장한다. 그 변화 속도는 1년에서 1개월로, 심지어 자고 나면 이미 구식이 되어 버리는 것도 있다. 컴퓨터, 휴대전화, IT 기기는 구입하고 돌아서면 더 높은 성능의 제품이 더 싼 가격에 시중에 나온다. 이러한 시대에 살고 있는 우리가 미래를 예측하고 준비하지 못한다면 미래 사회에서 생존하기 어려울 것이다. 미래학자들은 미래 사회를 꿈의 혁명 또는 창조혁명의 시대가 된다고 예견하고 있으며, 미래시대에 가장 필요한 사람은 창조적 인간이다.

5 창의력의 필요성

미래학자 토플러는 『제3의 물결』에서 인류가 정보화 사회로 갈 것을 예측하였으며 『제4의 물결』에서는 미래에 대한 전망으로 10가지를 예측하였다. 그중에서 "디지털 기호로 구성된 지식과 정보가 자본을 대체하고, 교육받은 중산층이 국가를 이끌며, 기술 없는 인력의 대규모 실업이 발생할 수 있다"고 경고하였다.

또 일부 미래학자들은 미래 사회에서는 국경의 의미가 사라짐에 따라 다른 민족과의 교류 기회가 증가할 뿐만 아니라, 다양한 가치와 신념이 존중받는 다원주의적 경향의 가속화로 인하여 비판적 · 창의적 사고, 개방적인 사고 자세가 필요한 사회가 도래한다고 하였다. 심지어는 디지털화와 초고속화는 시간과 공간의 제약뿐 아니라 언어의 제약까지도 넘어설 수 있게 된다는 것이다.

굳이 미래학자들의 전망을 구하지 않아도 앞으로 전개될 미래는 국가 간의 국경이 사라져 치열한 생존경쟁으로 치닫게 될 것이다. 지금도 국가 간에 보이지 않는 새로운 전쟁이 계속되고 있다. 이에 따라 기업들은 남들이 생각하지 못하는 새로운 제품을 기존보다 낮은 비용으로 생산하는 것을 고려하지 않으면 안 될 것이다. 치열한 생존경쟁에서 살아남기 위해서 미래의 경영 환경은 경영자와 직장인이 창조적 인간이 되도록 유도할 것이다.

또한 사회가 발전할수록 상품의 빠른 변화를 지켜본 소비자의 욕구는 더욱 다양해져, 자기만의 개성 있는 문화를 즐기려는 사람이 늘고 있다. 따라서 소비자의 욕구와 필요를 정확히 예측하여 이를 충족시키는 과정이 기업 성공에 중요한 열쇠가 되고 있다. 시장 규모가 작고, 제품 종류가 많지 않았던 옛날에는 하루하루의 판매 경험을 통해 소비자들의 행동을 파악할 수 있었다. 하지만 요즘에는 시장이 복잡하게 세분화되어 있고, 소비자들의 취향과 욕구가 다양하기 때문에 단순한 마케팅 전략으로는 소비자를 이해할 수 없게 되었다. 따라서 기업은 다양한 고객의 욕구를 정확히 파악하기 위하여 소비자와 같이 다양한 욕구를 가지고 다양한 지식과 경험을 가진 사람을 필요로 할 수밖에 없게 되었다. 결국 이러한 다양한 욕구를 충족시킬 수 있는 사람도 창의력을 가진 사람, 즉 창조적 인간이 아니면 어렵다는 것을 쉽게 예측할 수 있다.

앞으로의 사회에서 창의력을 지니지 못하는 개인, 조직, 기업, 국가는 결국 경쟁에서 뒤처지기 때문에 생존 자체가 힘들어질 것이다. 또 신자유주의는 변화하는 환경에 적응하지 못한 개인과 기업, 국가를 더 위험한 환경에 처하게 할 것이다. 그러나 창의력을 가진 개인, 조직, 기업, 국가가 미래 사회를 주도할 것이다.

활동 1 창의력 이해하기

창의력에 대한 개념을 이해하도록 하기 위한 활동이다. 이 활동을 통해 학생들이 창의력의 중요성과 필요성을 인식하도록 지도한다.

창의력에 관하여 생각하면서 다음 질문에 답해 봅시다.

내가 생각하는 창의력이란?	새로운 생각을 하는 힘		
	구분	특징	필요한 것
세상의 변화에 따라 필요한 것	제1의 물결 농업혁명	이동에서 정착	토지
	제2의 물결 산업혁명	직업의 다양화	자본
	제3의 물결 지식정보화 혁명	공부하는 시대	지식
	제4의 물결 창조혁명	새로운 생각	창의력
창의력의 필요성	• 새로운 물건을 만들어야 하기 때문에 • 새로운 세상에 적응하기 위해서 • 사람들의 욕구가 다양해짐에 따라 이를 해결하기 위해		
창의력을 기르기 위해서 해야 할 일은?	• 책을 많이 읽는다. • 새로운 생각을 한다. • 반대로 생각하는 습관을 기른다.		

창의력 검사

여러분의 창의력 정도를 알아보려는 것입니다. 해당 질문이 맞으면 '예'에, 맞지 않으면 '아니요'에 체크해 주세요.

	나의 창의력은?	예	아니요
1	생각이 남들과 다를 때가 많다.		
2	항상 새로운 것을 생각한다.		
3	사물을 보면 호기심이 많이 생긴다.		
4	기존의 것을 바꾸고 싶어 한다.		
5	오랫동안 해야 하는 일에 금방 싫증을 느낀다.		
6	거꾸로 생각을 해 본 적이 많다.		
7	다른 사람의 행동을 보고 판단한다.		
8	서로 다른 것을 결합하기를 좋아한다.		
9	판단할 때는 자료를 충분히 모아 판단 근거로 사용한다.		
10	물건을 원래 용도에서 다른 용도로 사용한 적이 많다.		
	'예'에 답한 총 개수 ( )개		

'예'가 체크된 문항에 따라

- 8~10개: A 유형-창의력이 높군요.
- 4~7개: B 유형-창의력이 조금 높은 편이네요.
- 0~3개: C 유형-창의력을 기르기 위해 노력하세요.

[A 유형]
- 평소 창의력이 높은 사람이다.
- '아니요'라고 답한 것만을 찾아서 부족한 부분을 지도한다.

[B 유형]
- 평소 창의력이 조금 높은 사람이다.
- '아니요'라고 답한 것만을 찾아서 부족한 부분을 지도한다.

[C 유형]
- 평소 창의력이 부족한 사람이다.
- 창의력을 높이기 위해서 처음부터 창의력을 지도한다.

제 2 장

창의성 교육의 원리

창의성 교육의 원리	
세부 내용	• 창의성 교육의 개념과 필요성 이해하기 • 창의성 교육의 내용
목표	• 창의성 교육의 개념과 필요성을 알 수 있다. • 창의성 교육의 내용을 설명할 수 있다. • 창의성 교육을 위한 대화 전략을 설명할 수 있다.

단계		교수 · 학습 활동	자료
1	도입단계	• 창의성 교육을 위한 동기 유발 –창의성 교육이라는 단어를 듣고 떠오르는 생각 말해보기 –창의성 교육의 뜻 알아보기	
2	전개단계	• 창의성 교육의 개념과 필요성 • 창의성 교육의 내용 • 창의성 교육의 원리 • 창의력 향상을 위한 교육 활동 방법 • 창의력을 높이는 대화 전략 • 창의력을 높이는 언어놀이 • 수학을 이용한 창의력 향상 방법	활동지
3	정리단계	• 학습 소감 발표 –앞으로 창의력을 높이기 위해 할 수 있는 방법에 대해 발표하기 –활용 계획 이야기하기	

1 창의성 교육의 개념과 필요성

'창의성 교육'은 독창적인 안목을 가지고 가치 있고 기발한 생각으로 문제를 해결할 수 있는 창의적 인재로 만드는 교육을 말한다. 창의성 교육은 단순하게 새로운 생각을 해내는 사고력을 향상시키는 것은 물론 내면에 잠재된 무한한 가능성을 실현해 내도록 이끌어 주는 것이다. 제7차 교육과정을 통해 추구하는 '21세기의 세계화 · 정보화 시대를 주도할 자율적이고 창의적인 한국인'을 양성하는 것이 바로 창의성 교육이라고 할 수 있다.

창의성 교육을 통한 창의적인 인재의 육성은 개개인의 생존과 더불어 사회와 국가 발전의 원동력이 되기 때문에 오늘날의 교육에서 창의성 교육은 더 강조되어야 한다. 창의성 교육이 필요한 이유는 다음과 같다.

1) 급속한 사회의 변화

사회가 급속하게 변함에 따라 사람의 욕구가 다양해지고 이에 따른 기업이나 사회에서 전반적으로 새로운 아이디어가 필요하다. 따라서 창의성 교육을 통해 가치 있고 기발한 아이디어를 창출해 낼 수 있는 능력을 습득하는 것이 필요하다.

2) 교육의 변화

교사 중심의 지식 주입 교육에서, 학생이 하고자 하는 공부를 하게 만드는 학생 중심 교육으로 바뀌기 때문에 혼자서도 공부할 수 있는 창의력이 필요하다. 따라서 창의성 교육을 통해 자기주도학습 습관을 정착해 나가야 한다.

3) 과학과 기술의 발전

불과 몇 년 전만 해도 진리는 영원히 바뀌지 않을 것이라고 했지만 창의적 과학자들은 그 자체를 반증할 수 있는 다른 논리적 증거를 찾아 과학과 기술의 진정한 발전을 이끌고 있다. 따라서 창의성 교육을 통해 창의적 인재가 많아져야 과학과 기술의 발전이 이루어진다.

4) 새로운 문제의 발생

사회가 급변하면서 예전에 없던 새로운 문제가 출현하고 있는데, 이를 해결하기 위해서는 기존의 방식으로는 문제를 해결하기 어렵다. 따라서 창의성 교육을 통해 어떠한 문제도 쉽게 해결할 수 있는 능력을 습득하는 것이 필요하다.

5) 지식통합 응용 능력 필요

지금까지는 어떻게 하면 많은 양의 지식을 습득하고 암기하느냐가 교육학의 연구 대상이었다면 이제는 지식의 양보다 이를 통합적으로 응용하는 창조 능력이 강조되고 있다. 따라서 창의성 교육을 통해 지식을 통합하고 응용하는 능력을 습득하는 것이 필요하다.

2 창의성 교육의 내용

창의성 교육에서 무엇보다 중요한 문제는 창조적 사고와 상상력을 신장시킬 수 있는 학습이 이루어져야 한다는 점이다. 그러기 위해서 창의성 교육에서 다루어야 하는 요소가 무엇인지를 알아야 한다. 창의성 교육의 요소는 크게 창의적 사고와 창의적 태도를 기르는 것이다. 창의적 사고를 기르기 위해서는 독창성, 융통성, 유창성, 정교성을 길러야 하며, 창의적 태도를 기르기 위해서는 민감성, 개방성, 탐구성을 길러야 한다.

창의성 교육의 내용

구분	창의적 사고				창의적 태도		
요소	독창성	융통성	유창성	정교성	민감성	개방성	탐구성

1) 독창성

다른 사람을 따라하지 않고 혼자 새롭게 참신한 아이디어를 산출하려는 성질을 말한다.

- 다른 사람과 같지 않은 생각하기

예: 나는 남들과 달리 발로 밥을 먹어 볼 거야.

- 기존의 생각이나 사물에 대해 새롭게 생각하기

예: 내 mp3는 편리하다. 그러나 더 편리하게 만드는 방법은 무엇일까?

- 기존의 생각을 새로운 상황에 적용하여 생각하기

예: 에어컨의 원리를 활용하여 무엇을 만들면 좋을까?

2) 융통성

시각 자체의 변환으로 다양한 해결책을 제시하고 상황과 형편에 따라 변화하는 성질을 말한다.

- 사물의 숨겨진 면 파악하기

예: 우물 안에는 무엇이 있을까?

- 특정한 것을 생각하면서 다른 것을 함께 떠올리기

예: 책상 하면 의자가 생각난다.

- 서로 관계가 없는 듯한 사물이나 현상 간의 관련성 찾기

예: 전화기와 안경을 관련지어 새롭게 만들 수 있는 물건은 무엇이 있을까?

- 사물이나 현상의 무게, 크기, 색, 속성, 용도 등을 바꾸어 생각하기

예: 사과를 크게 만드는 방법은 무엇일까?

- 사물을 보며 형태, 원리가 유사한 것을 함께 떠올리기

예: 토끼를 보면 상대적으로 생각나는 것이 무엇일까?

- 사물을 보며 주변의 대상을 함께 떠올리기

예: 코끼리를 상상할 때 어떤 부분이 생각나는가?

- 특정한 대상의 부분을 보고 전체를 떠올리기

예: 굵은 다리를 보면 무엇이 생각나는가?

3) 유창성

기존의 사물을 관련지어 생각함으로써 어떤 일도 능숙하게 처리하는 성질을 말한다.

- 대상의 관점을 의도적으로 바꿔서 생각하기

예: 삼각형을 이용하여 그릴 수 있는 물건을 가능한 한 많이 생각해 보면 무엇이 있을까?

- 특정 대상이나 현상으로부터 가능한 많은 것 연상하기

예: 원을 이용하여 만들 수 있는 물건은?

- 특정한 문제의 해결 방안 제시하기

예: 연못에 빠진 동전을 꺼낼 수 있는 방법은 무엇일까?

4) 정교성

다듬어지지 않은 수준의 아이디어를 세밀하고 상세하게 다듬어 새로운 결과물을 만들어

내는 성질을 말한다.

- 좋은 결과 예측하기

예: 어떻게 하면 새로운 결과, 좋은 결과가 될지 미리 생각해 보자.

- 갑자기 떠오르는 생각 구체화하기

예: 가로 간판을 보니 세로 간판으로 만드는 것이 좋겠다.

- 기존의 생각을 체계화하고 발전시키기

예: 가방을 더 편리하게 만드는 방법을 말해 보면?

5) 민감성

주변 환경에 대한 민감한 관심을 가지고 외부의 자극을 쉽게 받아들이고, 이로 인해 흥분하기 쉬운 상태 또는 성질을 말한다.

- 알고 있는 것에서 끌어내기

예: 바다는 왜 푸른가?

- 주변의 변화 파악하기

예: 여름을 통해서 알 수 있는 것은 무엇인가?

- 좋아하는 것을 이상한 것으로 보기

예: 내가 좋아하는 게임의 이상한 점은 무엇인가?

- 이상한 것을 좋은 것으로 보기

예: 내가 싫어하는 야채의 좋은 점은 무엇인가?

6) 개방성

다른 사람들의 태도나 생각 등을 거리낌 없이 받아들이는 열려 있는 성질을 말한다.

- 싫어하는 것을 좋아하기
- 남의 입장 이해하기
- 상대방의 이야기에 귀 기울이기

7) 탐구성

진리, 학문 따위를 파고들어 깊이 연구하는 성질을 말한다.

- 원인을 생각한다.

예: 닭은 왜 울까?

- 결과를 생각한다.

예: 비가 많이 오면 어찌 될까?

- 새로운 방법을 생각한다.

예: 밥은 꼭 솥으로 해야 하는가?

창의성 교육 내용을 제시한 7가지 사고는 후천적인 교육이나 노력을 통해 향상시킬 수 있는 능력이다. 효과적인 창의성 교육이 되기 위해서는 숙달할 수 있는 학습 기회를 반복적으로 제공하는 것이 좋다.

3 창의성 교육의 원리

창의성 교육은 학생 스스로 창의력을 가지게 되었다는 것을 깨닫게 하여 창의적인 태도로 변화시키는 것이 중요하다. 그러기 위해서 학생들에게 자신이 능력을 가지고 있음을 깨닫게 해야 하며, 스스로 문제를 극복하려는 태도와 기술을 가르쳐 주어야 한다. 효과적인 창의성 교육은 다음과 같은 원리를 따라야 한다.

1) 학생들의 생각과 행동을 수용해야 한다

창의성 교육을 진행하는 동안에는 학생들의 창의적인 생각과 행동을 모두 수용하는 개방적 분위기를 조성해야 한다. 뿐만 아니라 학생들도 서로의 의견에 대해 개방적 태도를 갖도록 한다. 개방적인 분위기가 조성되어야 학생들은 자신이 가진 생각과 행동을 표현하기 때문이다.

2) 학생 수준에 맞는 문제를 제공해야 한다

창의성 교육의 내용은 학생 수준에 맞는 문제를 제공해야 학생 스스로 문제 해결에 대한 욕구가 생기게 되고, 과제 해결에 대한 적극성을 갖게 된다.

3) 문제 해결 방법을 지도한다

문제 해결에 대한 동기가 유발되면 문제 해결을 위한 지식과 정보를 제공한다. 문제 해결 방법의 다양함을 알려 주고 더 좋은 방법을 찾아 해결하도록 한다.

4) 다양한 경험의 기회를 제공한다

창의력은 다양한 경험을 바탕으로 하기 때문에 학생들에게 다양한 경험을 할 수 있는 기회를 제공해 주어야 한다. 뿐만 아니라 학생들이 새로운 생각을 할 수 있도록 정서적 자극을 풍부하게 제공하는 것이 좋다.

5) 자신감을 갖고 도전할 수 있도록 한다

창의력은 자신감을 바탕으로 한 지속적인 도전의 결과로 얻어지는 산물이므로 학생들이 어떤 문제나 상황을 만나더라도 포기하지 않고 도전할 수 있도록 지도한다.

6) 편견을 갖지 않게 한다

사물 관찰 시 편견 없이 정확하게 보는 습관을 갖도록 한다.

7) 자발적으로 참여하게 한다

창의력은 학습에 의해 생기는 것이 아니라, 문제를 적극적으로 해결하려는 상황에서 자발적으로 해결하려고 할 때 떠오른다. 따라서 자발적으로 참여하도록 지도한다.

8) 독창성을 가지게 한다

창의력은 남과 다른 생각, 즉 독창성이 있어야 가치가 높다. 따라서 자신이 생각해 낸 생각의 가치를 잠정적으로 인정하고 이를 계속 발전시키려는 태도를 가질 수 있도록 지도한다.

9) 인내력을 가지게 한다

문제를 해결하기 위해서는 가능한 한 다양한 정보를 수집하고 문제가 해결될 때까지 끝까지 해결하려는 인내력이 있어야 한다. 인내력을 가질 수 있도록 지도한다.

10) 호기심을 가지게 한다

문제가 생기면 그 주변에 대해 호기심을 가지고 끊임없이 의문을 제기해야 한다. '저것은 왜 저렇게 생겼을까?' '저 뒤에는 무엇이 있을까?' '저것의 색이나 모양을 바꾸면 어떨까?'와 같은 의문을 가질수록 창의력이 높아진다. 따라서 학생들이 호기심을 가질 수 있도록 지도한다.

11) 결과보다 과정을 중시하도록 지도한다

창의성 교육은 결과물을 필요로 하는 교육이지만 결과만을 강조하면 학생들의 참여도가 떨어질 수 있으므로 창의적인 사고 과정이 중요한 가치가 있음을 지도한다.

12) 창의적 사고를 태도로 전환하게 한다

창의성 교육을 통해 창의적 사고를 갖게 하는 것은 쉽지만 이런 사고가 행동이나 태도로 변화할 수 있도록 지도한다.

4 창의력 향상을 위한 교육 활동 방법

창의성 교육을 진행하는 방법은 개별 학습, 전체 학습으로 나누어 진행할 수 있다.

1) 개별 학습 방법

- 교사가 학생에게 학습 목표나 학습해야 할 문제나 내용을 알려 준다.
- 해결해야 할 문제를 제시한다.
- 어떻게 문제를 해결할 것인가를 홀로 생각해 보게 한다.
- 각종 아이디어를 수집하여 학습 문제를 해결해 보게 한다.
- 혼자 힘으로 학습하고 해결할 수 없는 내용은 옆사람과 협의하여 해결하게 한다.
- 그래도 잘 모르는 것은 교사에게 질문하여 해결하도록 지도한다.

2) 전체 학습 방법

- 교사가 학생에게 학습 목표나 학습해야 할 문제나 내용을 알려 준다.
- 해결해야 할 문제를 제시한다.
- 조별로 문제 해결 방안을 생각해 보게 한다.

- 각종 아이디어를 수집하여 학습 문제를 해결해 보게 한다.
- 혼자 힘으로 학습하고 잘 해결할 수 없는 내용은 옆사람과 협의하여 해결하게 한다.
- 학습한 내용을 정리해서 전체 학습 때 발표하게 한다.
- 다른 사람이 발표한 의견을 잘 듣고 자기의 생각과 다르거나 의문이 있으면 질문하게 한다.
- 발표를 듣고 새로 알게 된 것을 학습장에 쓰게 한다.
- 전체 학습 시에는 모두 적극적으로 참여하게 한다.

전체 학습 적용 방법

학습 순서	학습 활동
도입단계 학습할 문제 알기	• 학생에게 학습 목표나 학습해야 할 문제나 내용을 알려 준다. • 해결해야 할 문제를 제시한다.
전개단계 문제의 해결	• 조별로 문제 해결 방안을 생각해 보게 한다. • 각종 아이디어를 수집하여 학습 문제를 해결하게 한다. • 혼자 힘으로 학습하고 해결할 수 없는 내용은 옆사람과 협의하여 해결하게 한다(브레인스토밍). • 여러 가지 방법을 생각해 보고 가장 좋은 방법(원리)을 찾아본다. • 지금까지 학습한 결과를 토대로 새로 알게 된 사실(원리, 법칙, 개념)을 스스로 정리해 본다.
학습 정리 및 확인	• 학습한 내용을 정리한다(학습장에 기록한다.). • 학습한 결과를 확인한다. –학습할 문제는 무엇이었는가? –어떤 방법으로 해결하였는가? –내가 새로 알게 된 점은 무엇인가?

5 창의력을 높이는 대화 전략

1) 하고 싶은 일에 대해 대화한다

학생 스스로 하고 싶은 일에 몰두하게 하면 창의적 아이디어가 샘솟듯 쏟아져 나온다. 특히 지시와 명령 문화에서 자란 학생들에게 하고 싶은 일을 하게 하면 꽁꽁 묶여 있었던 창의력이 출구를 찾으면서 술술 풀려 나온다. 따라서 학생들이 하고 싶은 일을 찾아서 그 일을 하게 해 주는 것이다.

학생들에게 가장 하고 싶은 일을 물어보자. 남자 학생들은 컴퓨터 게임>놀기>TV>만화책>운동>공부>댄스라고 답하였고, 여자 학생들은 놀기>TV>컴퓨터 게임>만화책>공부>댄스>운동으로 답하였다.

학생들이 하고 싶은 일을 하게 하되 좋아하는 일에 대해서 대화를 나누면 창의력이 증가한다.

예: 교사: 학생은 뭐가 가장 좋아요?
학생: TV 보는 게 제일 좋아요.
교사: 어떤 프로그램이 제일 좋은가요?
학생: 전 드라마가 제일 재미있어요.
교사: 드라마 중에서도 좋아하는 것은요?
학생: 연인들의 이야기가 나오는 거요.
교사: 왜 그게 좋은데요?
학생: 나중에 결혼할 상대를 찾으려고요.
교사: 그래서 어떤 남자가 좋은데요?
학생: 멋있고, 재미있는 남자요.
교사: 학생 생각에 멋있는 건 뭔데요?

학생과 교사의 대화에서 보듯이 교사는 학생이 좋아하는 것을 찾아내 대화를 계속 유도해 나감으로써 사고를 자극하고, 답변을 찾는 과정에서 창의력이 나타나도록 해야 한다.

2) 원인과 결과를 말하게 한다

세상의 모든 일에는 원인과 결과가 있다. 즉, 원인이 있어야 결과가 있다는 것이다. 대화에서도 원리가 무엇인지를 찾아내게 하면 학생들의 사고가 발달한다. 학생들이 말을 하면서 “이건 뭐예요?” 하는 수준에서 “이건 왜 그래요?”라고 물으면 학생의 호기심이 왕성해졌다는 것을 뜻한다. 그러나 학생의 질문에 일일이 대답해 준다는 것은 매우 어려운 일이다. 귀찮은 마음에 대충 얼버무리면 학생들의 마음에 여전히 궁금함이 남아 있는데, 교사가 이를 무시하면 학생에게 창의력을 기대하기는 어렵다.

따라서 교사는 단순하게 사물의 이름을 알려 주는 대화를 하기보다는 원인과 결과를 이야기해 주는 것이 바람직하다.

예: 〈원인과 결과 말하기 대화〉

교사: 자동차는 무엇으로 움직일까요?
학생: 기름을 넣어야 해요.
교사: 기름을 넣으려면 어디로 가야죠?
학생: 주유소로 가야 해요.
교사: 기름을 안 넣으면 어떻게 되죠?
학생: 차가 안 움직이지요.

교사: 선생님이 청소 안 하는 학생을 좋아하지 않는 이유를 아세요?
학생: 예! 지저분해지기 때문이에요.
교사: 선생님이 학생을 안 좋아할 거 같아요, 좋아할 거 같아요?
학생: 안 좋아할 거 같아요.
교사: 왜죠?
학생: 청소를 안 하니까요?
교사: 그럼 선생님이 좋아하게 하려면 어떻게 해야 해요?
학생: 교실을 깨끗이 해야 해요.

이러한 대화는 학생의 자율성과 슬기로움을 키워 준다. 또한 ‘그러나’, ‘그렇지만’ 같은 접속어를 자주 사용하는 것도 학생에게 다시 한 번 생각할 기회를 주는 대화법이다.

3) 수수께끼를 풀도록 한다

수수께끼는 어떤 사물에 대하여 바로 말하지 않고 빗대어 말하여 그 사물의 뜻이나 이름을 알아맞히는 놀이다. 보통 학생들이 하는 수수께끼의 답은 단 하나다. 그러나 생각하기에 따라 정답이 100개가 넘는다면 학생들은 끝없이 상상의 나래를 펼 것이다. 똑같은 문제라도 학생의 연령에 따라 답이 달라질 수 있어야 좋은 수수께끼다.

학생의 지적 능력과 연령에 따라 단계를 나누어 수수께끼를 하는 것은 학생의 상상력을 자극하는 데 매우 좋다. 쉬운 문제라고 해서 어린 학생에게만 물어볼 필요는 없다. 연령이 높을수록 그만큼 생각의 폭이 넓어 뜻밖에 좋은 답이 나올 수 있다.

예: 〈수수께끼 대화〉

무엇이 있어야 물건을 살 수 있지요?

⇨ 돈, 수표, 신용 카드, 금을 비롯한 보석, 산삼 같은 귀한 물건, 아이디어 등(창의력이 풍부한 학생의 답)

교사: 여기서 빨간색은 뭐가 있지요?
학생: 고추, 당근이요.
교사: 그럼 고추를 먹으면 어떻게 될까요?
학생: 매워요.
교사: 그럼 고추를 어디에 넣으면 좋을까요?
학생: 김치, 고추장, 멸치볶음에요.
교사: 학생은 어떤 것이 제일 맛있어요?
학생: 다 맛있지만 그래도 멸치볶음이 제일 맛있어요.

만약 학생이 엉뚱한 대답을 하면, 왜 그런 생각을 하게 되었는지 확인해야 한다. 그 과정을 거치지 않고 틀렸다고 하면 학생은 크게 실망한다. 학생의 상상력은 어른들이 생각하는 것보다 훨씬 뛰어나므로 인내심을 가지고 이야기를 들어 주는 것이 좋다. 학생의 생각을 인정해 주고 칭찬할 때 창의력도 향상될 수 있기 때문이다.

학생이 창의력이 풍부한 답을 하지 못하면 교사가 몇 가지 정도의 답을 말해 주고 그 이유를 간단하게 설명해야 한다. 서너 번의 반복 과정을 통해 학생은 다양하게 생각하는 방법을 배우게 된다.

4) 반대말을 하도록 한다

반대말은 서로 정반대되는 관계에 있는 말이므로 사전적인 뜻으로만 생각하면 어렵지만, 학생들의 입장에서 생각하면 아주 간단하다. '크다' '작다'처럼 서로 비교할 만한 단어를 찾으면 된다.

반대말을 찾는 데 익숙한 학생은 두뇌 회전이 빠르다. 또 놀이를 통해 경쟁적으로 생각하기 때문에 사물의 특징을 파악하는 힘도 더 커진다. 학생이 반대말을 잘 찾지 못할 때는 가장 기초적인 것부터 시작하여 단계별로 어려운 반대말을 찾도록 한다.

예: 〈반대말 대화〉

교사: 기린은 클까요, 작을까요?
학생: 커요.
교사: 그럼 작은 것은 무엇이지요?
학생: 지렁이요.
교사: 그럼 지렁이는 길까요? 짧을까요?
학생: 길어요.
교사: 그럼 작고 짧은 것은요?
학생: 개미요.

반대말 찾기를 통해 학생은 새로운 단어를 알게 되고, 대립되는 말과 사물을 연결함으로써 굳이 뜻을 설명해 주지 않아도 짐작으로 알게 된다. 결국 사물을 보는 눈도 그만큼 넓고 다양해지는데, 다양하게 생각하는 것이야말로 창의력의 중요한 요소 중 하나다.

6 창의력을 높이는 언어놀이

어떤 언어를 사용하는가에 따라 우리의 생각도 달라진다. 긍정적인 언어를 사용하는 사람은 긍정적이고 적극적인 사람이 되고, 부정적인 언어를 사용하는 사람은 부정적이고 소극적인 사람이 된다. 언어는 마술과도 같다. 최면술사는 언어로 상대를 깊은 꿈 속으로 들어가게 한다. 언어에는 그만큼 큰 힘이 들어 있다. 말을 잘하는 사람, 생각을 잘하는 사람은 적절한 단어를 잘 연상하고 사용할 줄 안다.

언어놀이의 특징은 대화를 통한 대화법을 배우는 것이다. '말을 어떻게 해야 할까?'라는 질문에 대한 답은 언어놀이를 자주 하면 자연히 알게 된다. 말에도 리듬이 있다. 큰 소리, 작은 소리, 속삭이는 소리, 길게 하는 말과 짧게 하는 말, 어떻게 말을 하는가에 따라 상대에게 주는 의미가 다르다. 같은 말이지만 어떻게 말을 하는가를 언어의 수단이라고 한다. 말을 잘하는 사람은 슬플 때는 슬프게, 기쁠 때는 기쁘게 말한다. 사용하는 언어가 생각을 만들어 내고 언어는 모든 행동, 형태, 리듬, 색상을 이어가는 놀이여행이라고 할 수 있다.

창의력과 상상력을 키우는 데 어떤 언어로 표현하는가 하는 것은 중요한 부분이다.

1) 별명 붙이기

원래 이름에 별명을 붙여 주는 놀이다. 주변의 사물(생활용품, 가구, 그릇, 등), 동물(강아지, 고양이, 동물원 등), 식물, 장난감, 인물(가족, 친척) 등에 별명을 붙여 간단한 창의력을 키우게 된다.

- TV를 보고 '보라돌이'
- 강아지를 보고 '똘똘이'
- 식물을 보고 '행순이'

2) 단어 잇기 놀이

단어의 끝자를 이어가는 단어의 연상놀이다. 재미있게 하려면 두 글자 잇기, 세 글자 잇기, 네 글자 잇기, 다섯 글자 잇기 등으로 다양하게 게임을 바꾼다.

- 두 글자 잇기: 소라 → 라면 → 면발
- 세 글자 잇기: 소나기 → 기찻길 → 길동무

3) 비교놀이

낱말을 활용하여 사물의 크기, 형태, 색상, 역할 등을 비교하면서 창의력을 키워 주는 놀이다.

- 젓가락이 길까, 전봇대가 길까?
- 구름은 동그랄까, 네모날까?
- 사과는 파란색일까, 검은색일까?

4) 만약에 놀이

주어진 단어를 가지고 그것이 없다면 어떻게 될까를 상상하는 놀이다. 엉뚱한 생각을 격려하고 왜 그렇게 생각하는지에 대해 이야기를 나눈다. 절대 윽박지르거나 설득하려고 해서는 안 된다. 학생의 의견을 끝까지 듣고 하나씩 정리하는 것이 중요하다.

- 만약에 입이 없다면?
- 만약에 하마를 집에서 키운다면?
- 만약에 컴퓨터가 모두 사라진다면?

5) 삼행시 짓기

사람의 이름이나 사물의 이름을 제시하고 글자에 따른 시를 지어 보게 하는 놀이다. 이 놀이를 통해서 창의력을 높일 수 있다.

- 홍: 홍시감을 따서
- 길: 길을 걸어가는데
- 동: 동네 꼬마가 달라고 해서 주었다.

7 수학을 이용한 창의력 향상 방법

창의력은 원래 철학, 심리학, 교육학에 관련된 용어이기 때문에 수학과는 관련이 없다고 생각할 수 있다. 더욱이 수학은 인간의 정신적 활동에 의하여 창조된 하나의 결과이며, 그 결과의 틀을 벗어나서는 생각할 수 없기에 '새로운 생각'이라는 창의력과는 거리가 멀어 보인다. 그러나 수학의 도구인 숫자나 도형, 공식을 가지고 창의력을 향상시킬 수 있다. 예를 들면 수학에서 배운 내용으로 문제 해결 방법을 터득하거나, 결과를 가지고 새로운 아이디어나 원리를 도출하는 것도 창의력과 연관되기 때문이다. 수학을 이용한 창의력 향상 방법은 다음과 같다.

1) 독창성

수학 문제를 풀면서 어느 누구도 생각하지 못한 기발하고 신기한 생각이나 발상으로 문제를 해결하도록 한다.

2) 도전성

기존의 경험을 바탕으로 문제를 해결할 때까지 지속적으로 도전한다.

3) 융통성

문제를 해결할 때 한 가지로만 해결하는 것이 아니라 다양한 해결 방법을 제시할 수 있는 아이디어가 나오도록 해야 한다.

활동 2 나의 독창성은?

학생의 독창성을 기르는 활동이다. 학생들에게 먼저 다른 사람과 나의 차이점과 이유를 적게 한다. 또한 기존의 생각이나 사물에 대해 새롭게 생각하기 위하여 기존의 것과 새로운 생각을 비교하고 이유를 적게 한다. 이 질문을 통해 학생들이 독창성을 기르도록 지도한다.

다음 문제는 다른 사람과 내 생각의 차이와 이유를 적는 것입니다. 또한 기존의 생각이나 사물에 대해 새롭게 생각하기 위하여 기존의 것과 새로운 생각을 비교하고 이유를 적어 봅시다.

구분	다른 사람의 생각	나의 생각	이유
전쟁	필요	필요	인구를 줄이기 위해
시험	필요	불필요	공부는 자기만족이기에
사랑	필요	불필요	사랑은 힘드니까
빈부의 차	불필요	필요	그래야 열심히 사니까
교사	필요	불필요	학습사회로 가기 때문에
게임	불필요	필요	재미있으니까

기존의 생각이나 사물에 대해 새롭게 생각하기

기존의 것	새로운 생각	이유
효자손	도구	물건을 꺼낼 때 도구로 사용한다.
컵	저금통	모양이 비슷해서 저금통으로 쓸 수 있다.
마스크	안대	입뿐만 아니라 눈도 가릴 수 있다.
이불	그네	양쪽에서 잡아서 그네처럼 논다.
깡통	화분	구멍을 뚫어서 화분처럼 사용한다.
큰 상자	책꽂이	세워서 책꽂이로 사용한다.
우유팩	비누상자	잘 찢어지지 않기 때문에 비누곽으로 사용 가능하다.

활동 3 나의 융통성은?

학생의 융통성을 기르는 활동이다. 학생들에게 문제로 제시된 사물을 보고 생각나는 것을 적게 하고, 이유를 설명하게 한다. 이 질문을 통해 학생들이 융통성을 기르도록 지도한다.

제시된 사물을 보고 생각나는 것과 그 이유를 적어 봅시다.

사물	사물을 보면 생각나는 것	이유
의자	책상	책을 놓고 읽을 수 있다.
	사다리	사다리처럼 밟고 올라갈 수 있다.
	기차역	의자들이 많다.
	전철	전철을 타면 자리에 앉고 싶다.
총	영화	영화에 많이 나온다.
	액션	싸우는 장면에 꼭 나온다.
	장난감	장난감 총이 생각난다.
	병	병 입구가 총 모양과 같다.
거문고	신문고	글자가 비슷하다.
	국악	우리의 전통 악기다.
	한복	한복을 입고 연주한다.
	나무판자	모양이 비슷하다.
자연	녹색	푸른색이 생각난다.
	사계절	봄, 여름, 가을, 겨울이 생각난다.
	날씨	자연에 맞는 날씨가 생각난다.
	내 친구	친구 이름과 같다.
음악	광고	음악이 꼭 들어간다.
	평가	노래실기 평가를 한다.
	합창단	노래 부르는 사람들이 생각난다.
	꾀꼬리	소리가 좋다.
자동차	경찰	경찰을 조심해야 한다.
	안전벨트	꼭 해야 한다.
	면허증	운전하려면 면허증이 꼭 있어야 한다.
	에쿠스	우리 아빠가 타고 싶어 한다.

활동 4 나의 유창성은?

학생의 유창성을 기르는 활동이다. 학생들이 상황을 보고 해결 방법과 이유를 적게 한다. 이 질문을 통해 학생들이 유창성을 기르도록 지도한다.

제시된 상황을 보고 해결 방법과 그 이유를 적어 봅시다.

상황	해결 방법	이유
도시락에서 젓가락이 없을 때	빌린다.	없으니까.
	숟가락으로 먹는다.	충분히 먹을 수 있다.
	손으로 먹는다.	김밥이니까.
	간식을 사 먹는다.	밥 대용으로 먹는다.
4개의 원으로 할 수 있는 것은?	훌라후프	운동을 한다.
	투호처럼 사용한다.	놀이를 한다.
공부로 변화시킬 수 있는 것은?	성적	열심히 하면 올라간다.
	장래 직업	성적이 좋은면 좀 더 좋은 직업을 가질 수 있다.
	배경지식	아는 것이 많아진다.
	생각	생각이 바뀔 수 있다.
갑자기 100만 원이 생기면?	엄마에게 준다.	엄마가 좋아하니까.
	저금한다.	사고 싶은 걸 사기 위해서.
	게임기를 산다.	갖고 싶으니까.
	부모님과 여행 간다.	돈이 생겼으니까.
자동차를 타고 가는데 다리가 끊기면?	되돌아온다	갈 수 없으니까.
	돌아서 간다.	옆길이 있을 것이다.
	자동차를 세우고 걸어서 간다.	가까운 거리니까.
	그 자리에서 놀다가 온다.	목적지를 바꾸면 된다.
갑자기 눈이 안 보이게 되면?	조금만 기다린다.	서서히 보이게 된다.
	안내견을 구한다.	안내자가 되어 줄 것이다.
	최고의 의사를 찾는다.	수술 받는다.
	괜찮다.	꿈이니까.

활동 5 나의 정교성은?

학생의 정교성을 기르는 활동이다. 학생들이 지금 하고 있는 일을 적도록 하고 그 일에 더 좋은 결과가 있으려면 어떻게 하는지와 이유를 생각해 보게 한다. 또한 과거에 했던 일을 적고, 그것을 어떻게 발전시키면 좋은지와 이유를 적게 한다. 이 질문을 통해 학생들이 정교성을 기르도록 지도한다.

지금 하고 있는 일이나 과거에 했던 일을 적고, 그 일에 더 좋은 결과가 있으려면 어떻게 해야 하는지와 이유를 적어 봅시다.

지금 하고 있는 일	더 좋은 결과가 있으려면	이유
공부	노력해야 한다.	노력하지 않기 때문에
농구	슛을 정확히 해야 한다.	잘 못하기 때문에
친구 사귀기	상대방을 배려한다.	친구를 잘 사귀기 위해
단어암기	암기법 공부	암기법을 알면 쉽게 외우니까
달리기	10초 안에 주파	신기록을 세우려고
효도	부모님께 감사한 표현하기	표현을 안 해서
과거에 했던 일	**발전시키려면**	**이유**
축구	패스를 정확히 해야 한다..	연결이 잘 안 되어서
달리기	1000m 달리기	500m밖에 못 달려서
친구와 어울리기	모임 만들기	지속적으로 보기 위해
자신감 얻기	거울 보고 암시하기	자신감을 얻으려고
우표 모으기	다른 나라 우표 모으기	우리나라 우표만 모아서
게임	프로게이머 되기	직업으로 갖기 위해

활동 6 나의 민감성은?

학생의 민감성을 기르는 활동이다. 학생들이 좋아하는 것을 적게 하고, 싫은 점과 그 이유도 적게 한다. 또 싫어하는 것의 좋은 점과 그 이유도 적게 한다. 이 질문을 통해 학생들이 민감성을 기르도록 지도한다.

좋아하는 것의 싫은 점과 그 이유를 적어 봅시다. 또 싫어하는 것의 좋은 점과 그 이유를 적어 봅시다.

내가 좋아하는 것	싫은 점	이유
회	비린내	날 것이라
게임	시간이 걸림	시간을 너무 소비함
강아지	무는 것	아빠를 물어서
철수	게으름	항상 늦게 나옴
엄마	잔소리	잔소리가 많음
아빠	친구와 비교	기분이 나빠서
내가 싫어하는 것	**좋은 점**	**이유**
야채	푸른색	보기 좋아서
하늘	편함	푸르러서
침대	잠을 잘 수 있음	잠을 잘 수 있어서
동수	리더십이 있음	친구를 잘 이끌어 줌
노래	스트레스가 풀림	노래를 부르면 기분이 좋아짐
카메라	사진을 찍을 수 있음	가족사진을 찍을 수 있어서

활동 7 나의 개방성은?

학생의 개방성을 기르는 활동이다. 먼저 학생들이 싫어하는 것을 선정하고, 그것을 좋아하려면 어떻게 해야 하는지와 그 이유를 적게 한다. 이 질문을 통해 학생들이 개방성을 기르도록 지도한다.

내가 싫어하는 것을 적고, 그것을 좋아하려면 어떻게 해야 하는지와 그 이유를 적어 봅시다.

내가 싫어하는 것	좋아하려면	이유
강아지	쓰다듬어 준다.	친근해지기 때문에
야채	키운다.	애정을 주기 때문에
공부	미래를 꿈꾼다.	성공한 모습을 그리기 때문에
영철	화해를 한다.	싸웠기 때문에
선생님	숙제를 잘 한다.	숙제를 안 해서 혼났음
그림 그리기	열심히 해야 한다.	그림을 잘 못 그려서
김치	자주 먹어야 한다.	매워서
인터넷	유용하게 사용한다.	폭력적인 게 많아서
달리기	연습을 한다.	잘 못하기 때문에
경쟁	선의의 경쟁을 한다.	승부욕이 강해져서
영어	단어를 많이 외워야 한다.	단어를 잘 몰라서
고추	매운 맛을 참는다.	너무 매워서
자동차	긍정적인 면만 생각한다.	위험해서

활동 8 내가 하고 싶은 일은?

학생들이 하고 싶어 하는 일을 파악하고 그 이유를 알아보는 활동이다. 학생들이 자신의 진로를 어떻게 설계하면 좋을지 생각하는 과정에서 창의력이 높아지도록 지도한다.

하고 싶은 일을 찾아보고 그에 따라 이유를 적어 봅시다. 이 질문을 통해 자신의 진로를 어떻게 설계하면 좋을지 생각해 봅시다.

질문	내용	이유
나의 꿈은?	세계적인 의사	성공하고 싶어서
갖고 싶은 직업은?	의사	성공한 직업이기에
가고 싶은 대학은?	서울대 의대	좋은 교육을 받을 수 있는 학교이기 때문에
닮고 싶은 사람은?	안철수	의사로 색다른 일을 하기에
갖고 싶은 차는?	벤츠	최고의 차이기에
살고 싶은 집은?	저택	성공해서 큰 집에 살아야 하니까
벌고 싶은 돈의 액수는?	10억	기부를 위해서
어떤 배우자를 원하는가?	현명한 여자	좋은 자녀를 위해
얼마나 공부하고 싶은가?	박사학위	많은 공부를 위해
사회적으로 어떤 사람이 되기를 바라는가?	존경받는 사람	행복한 사람이 될 것 같아서

활동 9 원인과 결과 상상해 보기

이 활동은 문제를 가지고 문제가 일어난 원인과 결과를 상상하면서 창의력을 키우는 데 목적이 있다. 학생들이 원인과 결과를 적으면서 창의적인 생각을 갖도록 지도한다.

상상하면서 다음의 '문제'에 대한 원인과 결과를 적어 봅시다.

구분	내용
문제	폭우가 온다.
원인	기후변화
결과	지하도가 물에 잠길 수 있다.
문제	차가 멈추었다.
원인	기름이 떨어졌다.
결과	학교에 지각할 수 있다.
문제	산에 불이 났다.
원인	담배꽁초를 함부로 버렸기 때문이다.
결과	산에 나무들이 다 타 버렸다.
문제	부모님께 칭찬을 들었다.
원인	숙제를 미리 해 놓았기 때문이다.
결과	기분이 좋아졌다.

활동 10 수수께끼 만들고 답하기

이 활동은 수수께끼를 만들어 스스로 답하면서 창의력을 키우는 데 목적이 있다. 교사는 학생들이 생활 주변에서 수수께끼를 만들고 스스로 답하면서 창의적인 생각을 갖도록 지도한다.

다음 빈칸에 수수께끼를 만들어 넣고 스스로 답을 해 봅시다.

순서	수수께끼	답
1	무엇이든지 혼자 다 해 먹는 사람은?	자취생
2	법적으로 바가지요금을 받아도 되는 장사는?	바가지 장사
3	'미소'의 반대말은?	당기소
4	세탁소 주인이 가장 좋아하는 차는?	구기자차
5	세계적으로 잘 알려진 세 여자는?	태평양, 대서양, 인도양
6	공중 화장실이란?	비행기 안의 화장실
7	물고기의 반대말은?	불고기
8	노인들이 가장 좋아하는 폭포는?	나이아가라 폭포
9	하나님도 부처님도 다 싫어하는 비는?	사이비
10	의사와 엿장수가 좋아하는 사람은?	병든 사람
11	울면 안 되는 날은?	중국집 쉬는 날
12	보내기 싫으면?	가위나 바위를 낸다
13	사람들이 가장 좋아하는 물은?	선물
14	길거리에서 시주를 받는 스님들을 무슨 중이라고 할까?	영업 중
15	새 중에서 가장 빠른 새는?	눈 깜짝할 새

활동 11 이름 붙여 주기

이 활동은 사물에 이름을 붙여 주면서 창의력을 키우는 데 목적이 있다. 학생들이 주변에서 사물을 보고 자기만의 이름을 붙여 보면서 창의적인 생각을 하도록 지도한다.

다음 빈칸에 주변 사물을 정하여 넣고, 나만이 부를 수 있는 새로운 이름을 붙인 후 그 이유를 적어 봅시다.

사물	새 이름	이유
모과나무	모돌이	친근하게 보이려고
강아지	김탁구	김탁구처럼 행동해서
의자	앉은뱅이	항상 앉아 있어서
친구	곰돌이	통통하게 생겨서
볼펜	곰돌이	곰 그림이 그려져 있어서
노트북	패도리	아이패드처럼 느끼려고
핸드폰	애장품	가장 가까이 가지고 있어서
영은	새침이	자주 토라져서
TV	네모상자	네모 모양이기에
만화책	그림책	그림이 그려져서
화장실	세면실	손도 닦으니까
대전	중심	가운데 있으니까

활동 12 끝말잇기 1

이 활동은 제시된 두 글자로 된 단어의 끝말잇기를 하면서 학생의 창의력을 키우는 데 목적이 있다. 끝말을 이으면서 창의적인 생각을 가지도록 지도한다.

첫 단어의 끝말을 두 글자로 이어가 봅시다. 위 칸을 다 채우면 마지막 단어의 끝말을 다음 칸 왼쪽으로 이어가 봅시다.

행복	복어	어선	선서	서기
기미	미원	원장	장모	모기
기상	상품	품질	질소	소식
식사	사훈	훈장	장소	소금
금강	강산	산모	모임	임원

활동 13 끝말잇기 2

이 활동은 제시된 세 글자로 된 단어의 끝말잇기를 하면서 학생의 창의력을 키우는 데 목적이 있다. 끝말을 이으면서 창의적인 생각을 가지도록 지도한다.

첫 단어의 끝말을 세 글자로 이어가 봅시다. 위 칸을 다 채우면 마지막 단어의 끝말을 다음 칸 왼쪽으로 이어가 봅시다.

물고기	기러기	기상청	청바지	지렁이
이어도	도라지	지하수	수영장	장난감
감나무	무지개	개신교	교육생	생필품
품앗이	이발소	소나무	무기질	질경이
이사장	장미꽃	꽃다발	발자취	취나물

활동 14 만약에 놀이

이 활동은 주어진 단어를 가지고 '만약에 ○○가 없다면' 어떻게 되는지 작성하면서 창의력을 키우는 데 목적이 있다. '만약에 놀이'를 하면서 창의적인 생각을 가지도록 지도한다.

제시된 단어를 가지고 '만약에 ○○가 없다면' 어떻게 될지를 작성해 봅시다.

단어	내용	이유
자동차	만약 자동차가 없다면 걸어다녀야 한다.	탈 것이 없다.
컴퓨터	만약 컴퓨터가 두 대라면 싸울 일이 없다.	동생과 사이좋게 할 수 있다.
게임	만약 게임이 공부처럼 의무화가 되면 재미없겠다.	억지로 하는 것은 싫다.
젓가락	만약 젓가락이 세 짝이라면 양손으로 먹어야 한다.	한손으로는 사용할 수 없다.
통닭	만약 통닭을 매일 먹으라면 먹지 않겠다.	질릴 것 같다.
바이올린	만약 바이올린을 배웠다면 내가 더 잘 했을 것이다.	난 뭐든지 잘한다.
총	만약 우리 집에 총이 있다면 무서울 것이다.	총은 무섭다.
사랑	만약 사랑이 없다면 삭막할 것이다.	무관심할 것 같다.
운동	만약 운동을 하지 않으면 뚱뚱해질 것이다.	살이 계속 찔 것이다.
밥상	만약에 밥상에 밥만 있다면 못 먹을 것이다.	맨밥은 맛 없다.
축구공	만약 축구공을 선물 받는다면 아주 좋을 것이다.	난 축구공이 없다.
고향	만약 고향이 서울이라면 가까울 것이다.	우리 집이 서울이니까.
부모	만약 부모님이 편찮으시면 속상할 것이다.	건강하셨으면 좋겠다.
공부	만약 공부를 잘한다면 난 꼭 의사가 되겠다.	나의 장래희망이다.
달력	만약 달력이 없다면 내 생일을 모를 것이다.	날짜를 알 수 없기 때문에.

활동 15 지구에서 없어져야 할 것이 있다면

지구에서 없어져야 할 것이 무엇일지 생각하고 그 이유를 적는 활동이다. 교사는 학생들에게 이 활동을 통해 창의적인 생각을 가지도록 지도한다.

다음 빈칸에 지구에서 없어져야 할 것과 그 이유를 적어 봅시다.

순서	없어져야 할 것	이유
1	술	아빠가 너무 좋아하신다.
2	담배	건강에 나쁘다.
3	도둑	남의 것을 훔치는 것은 나쁜 일이다.
4	왕따	불쌍하기도 하고 괴로울 수 있다.
5	주사	먹는 약으로만 치료할 수 있으면 좋겠다.
6	학원	너무 바쁘고 힘들게 한다.
7	벌레	징그럽다.
8	음악수업	난 노래를 못한다.
9	성적표	엄마한테 혼난다.
10	고양이	울음소리가 너무 싫다.

활동 16 지구에 남아 있어야 하는 것이 있다면

지구가 망하더라도 남아 있어야 할 것이 있다면 그것이 무엇이고 그 이유가 무엇인지 적는 활동이다. 교사는 학생들에게 이 활동을 통해 창의적인 생각을 가지도록 지도한다.

다음 빈칸에 지구가 망하더라도 남아 있어야 할 것과 그 이유를 적어 봅시다.

순서	남아야 할 것	이유
1	컴퓨터	무엇이든 다시 만들 수 있을 것 같다.
2	가족	가족이 있어야 외롭지 않다.
3	농부	밥이 필요하다.
4	거울	내 모습이 궁금하다.
5	가스	불이 필요하다.
6	배	살 만한 곳을 찾아 떠날 수 있다.
7	책	심심하지 않을 것이다.
8	전화기	가장 쉽게 연락할 수 있다.
9	축구공	운동을 해야 한다.
10	비상약	아플 때 먹는다.

활동 17 삼행시 짓기

주어진 문제를 가지고 삼행시를 짓는 활동이다. 교사는 학생들이 이 활동을 통해 창의적인 생각을 가지도록 지도한다.

제시된 단어를 가지고 삼행시를 지어 봅시다.

단어	삼행시
자동차	자동차를 타고 동쪽으로 가다 보면 차량이 많아져 밀린다.
동아리	동아리에서 준비한 선물은 아이들에게 나눠 줄 리본이었다.
김영철	김밥을 제일 좋아한다. 영순위다. 철이 들어도 좋아할 것이다.
장딴지	장점은 활발한 성격인 것이고 딴지 걸 점은 목소리가 작다는 것이었는데 지금은 많은 노력으로 목소리에 자신감이 생겼다.
운동장	운동 중에서 축구를 좋아한다. 동작이 많아서 힘은 들지만 장시간 해도 즐겁다.
축구공	축하합니다. 구월이 생일인 사람들은 공동으로 축하 파티를 하겠습니다.
장은영	장미꽃에 가시가 있듯이 은장도를 품고 있는 여인들은 영원한 절개를 지킵니다.
이현희	이곳의 경치가 참 아름답습니다. 현재 이곳에는 희귀한 꽃과 나무들이 참 많습니다.
정민영	정감이 가는 내 짝꿍은 민첩하기도 하고 영구 흉내도 잘 냅니다.

활동 18 사행시 짓기

주어진 문제를 가지고 사행시를 짓는 활동이다. 교사는 학생들이 이 활동을 통해 창의적인 생각을 가지도록 지도한다.

제시된 단어를 가지고 사행시를 지어 봅시다.

단어	사행시
동네방네	동네방네 소문이 났습니다. 네가 꿀등을 하였다고 방에서 나올 수 없다는 네가 웃으며 나왔습니다.
사륜구동	사실 윤기 있는 머릿결의 비결은 구정물이 안 나오도록 동그라미를 그리며 열심히 헹구는 것입니다.
행복예감	행동이 바른 사람은 복도에서도 예의 바르게 인사를 잘 하고 감사하는 마음을 항상 갖습니다.
서울시청	서울특별시가 울 엄마의 고향인데 시청에서 아주 가까운 청와대 근처입니다.
국무총리	국어시간은 정말 졸립다. 무슨 말인지도 모르겠고 총정리를 해봐도 도무지 이해가 안 간다.
한려수도	한 시간 동안 여유 있게 수영을 하고 나서 도시락을 꺼내 먹었다.
미인박명	미소를 지으며 인사를 하고 박수와 함께 명품 연기를 시작하였다.

활동 19 수식 만들기

제시된 숫자가 나올 수 있도록 수식을 만들어 보는 활동이다. +, −, ×, ÷를 한 수식에 한 번씩 사용해서 답이 나오도록 다양한 수식을 만들어 보면서 창의력을 기르도록 지도한다.

다음에 제시된 답이 나오도록 +, −, ×, ÷를 사용해서 수식을 만들어 봅시다.

답	+, −, ×, ÷ 중 한 가지만 사용한 식	답	+, −, ×, ÷ 중 두 가지만 사용한 식
20	□ 10＋10 □ 30－10 □ 2×10 □ 40÷2	40	□ 20＋10×2 □ 80÷2＋0 □ 80－40÷1 □ 22＋22－4
15	□ 10＋5 □ 20－5 □ 5×3 □ 30÷2	30	□ 15＋5×3 □ 40－5×2 □ 90÷2－15 □ 100－90＋20
7	□ 5＋2 □ 20－13 □ 7×1 □ 21÷3	14	□ 7×2÷1 □ 20－15＋9 □ 2×3＋8 □ 40－13×2
30	□ 15＋15 □ 50－20 □ 2×15 □ 90÷3	8	□ 2×3＋2 □ 4×5－12 □ 40÷5×1 □ 100×2－192
100	□ 50＋50 □ 120－20 □ 25×4 □ 100÷1	1	□ 40×1－39 □ (50＋50)÷100 □ 40÷40×1 □ 5×10÷50

활동 20 한 번에 그리기

보기의 도형이 나오기까지 한 번에 그리는 방법을 찾는 활동이다. 보기와 같은 도형이 되도록 한 번에 그리면서 학생의 창의력이 길러지도록 지도한다.

다음 도형의 모든 선을 한 번만 지나가도록 그리는 방법을 찾아봅시다.

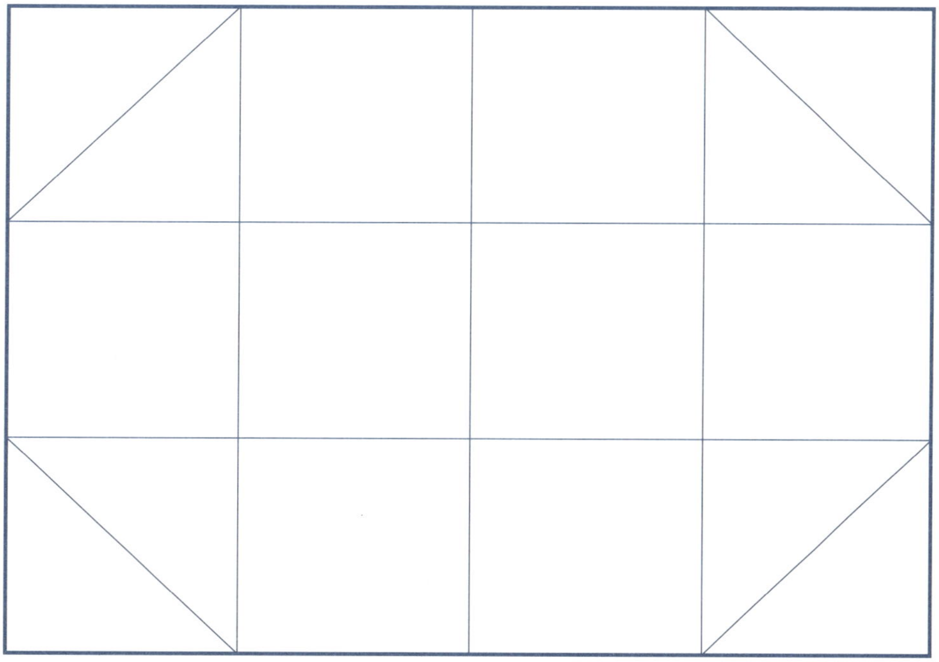

[정답]

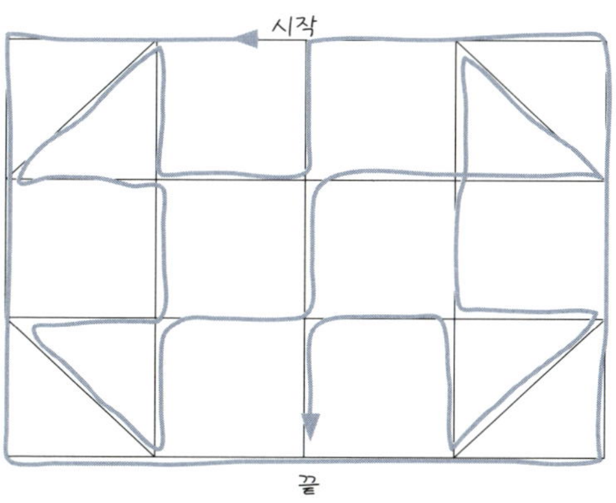

활동 21 점 연결하기

16개의 점을 6개의 직선을 그어 한 번에 연결하는 방법을 찾는 활동이다. 그 방법을 찾으면서 창의력이 길러지도록 지도한다.

다음 16개의 점을 6개의 직선을 그어 한 번에 연결하는 방법을 찾아봅시다.

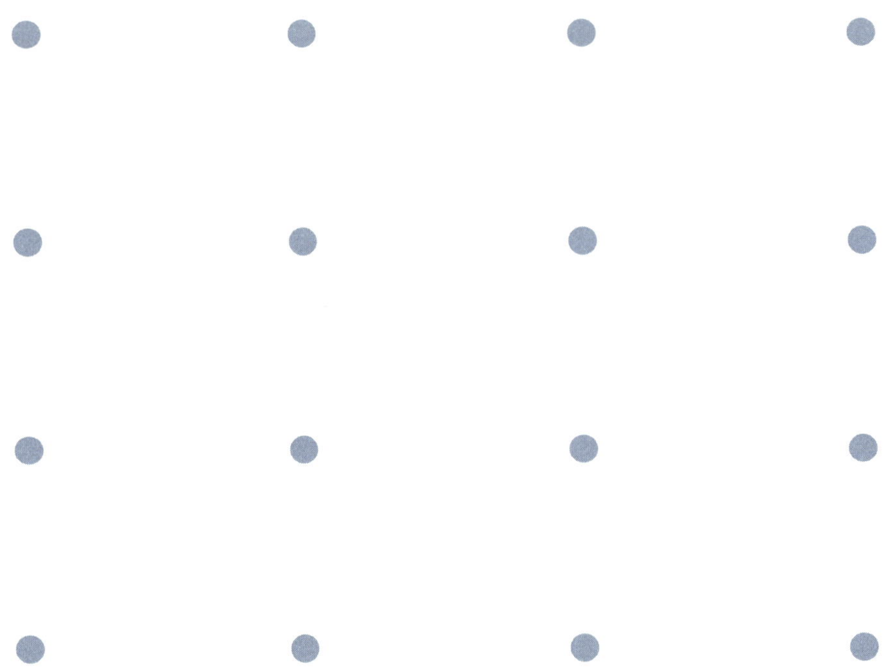

[정답]

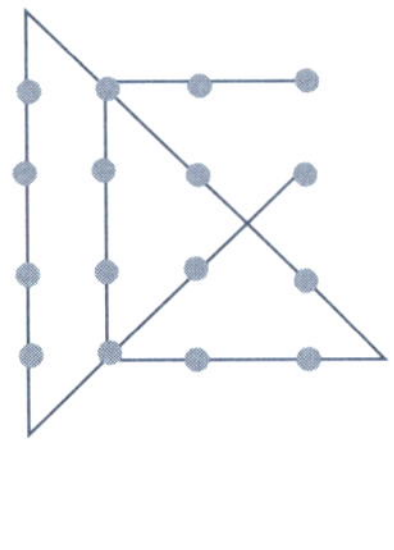

활동 22 똑같이 자르기

숫자판을 둘로 잘라 두 조각에 있는 숫자의 합이 같도록 자르는 방법을 찾는 활동이다. 그 방법을 찾으면서 창의력이 길러지도록 지도한다.

다음 숫자판을 둘로 잘랐을 때 두 조각에 있는 숫자의 합이 같도록 하는 방법을 찾아봅시다.

1	3	9	1
2	4	1	2
8	5	2	4
7	3	6	8

[정답]

1	3	9	1
2	4	1	2
8	5	2	4
7	3	6	8

활동 23 암호 만들어 사용하기

암호를 만들어 직접 사용하는 방법을 찾는 활동이다. 암호를 만들어 사용하면서 창의력이 길러지도록 지도한다.

여러분은 중요한 정보를 암호로 바꾸는 일을 하는 비밀 요원입니다. 우리말의 자음과 모음을 제시된 모양의 규칙에 따라 된 암호로 만들어 봅시다.

암호 만들기

원래 글자	암호	원래 글자	암호	원래 글자	암호	원래 글자	암호
ㄱ	□	ㅅ	▼	ㅍ	◑	ㅗ	☆
ㄴ	■	ㅇ	♣	ㅎ	≪	ㅛ	★
ㄷ	∠	ㅈ	◉	ㅏ	≫	ㅜ	≡
ㄹ	△	ㅊ	◈	ㅑ	♧	ㅠ	=
ㅁ	▲	ㅋ	▣	ㅓ	♥	ㅡ	○
ㅂ	▽	ㅌ	◐	ㅕ	♡	ㅣ	●

사용하기

여러분이 만든 암호로 '행복한 우리 집에서 만나자.'를 적어 봅시다.

[예시]

ㄱ	ㄴ	ㄷ	ㄹ	ㅁ	ㅂ	ㅅ	ㅇ	ㅈ	ㅊ	ㅋ	ㅌ
□	■	∠	△	▲	▽	▼	♣	⊙	◈	▣	◐
ㅍ	ㅎ	ㅏ	ㅑ	ㅓ	ㅠ	ㅡ	ㅣ	ㅕ	ㅗ	ㅛ	ㅜ
◑	≪	≫	♧	♥	♡	≡	∪	※	☆	◆	∞

	≪	≫	∪	♣	▽	☆	□	≪	≫
■		♣	∞	△	≡	⊙	≡	▽	♣
♥	∪		ㅍ	≫	■	■	ㅏ	⊙	≫

활동 24 똑같이 나누기

보기의 도형을 가지고 똑같이 4등분으로 나누는 활동이다. 도형을 가지고 똑같이 4등분으로 나누면서 창의력이 길러지도록 지도한다.

다음 도형을 모양과 면적이 같도록 4등분하는 방법을 6가지 이상 찾아봅시다. 시간에 제한은 없습니다.

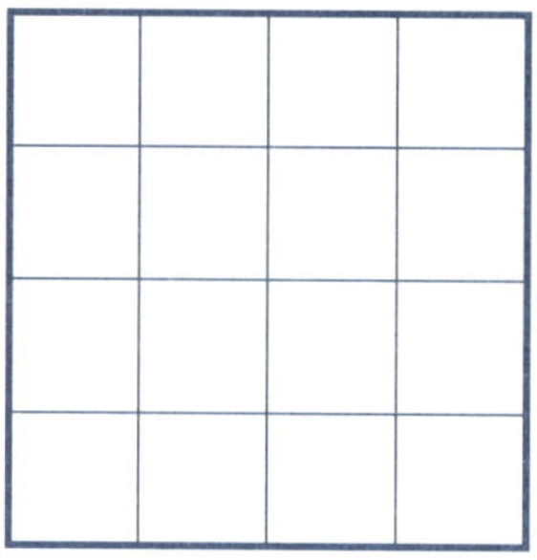

①

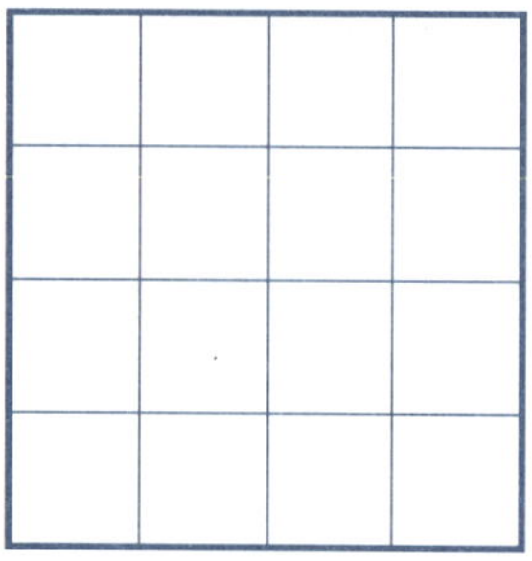

②

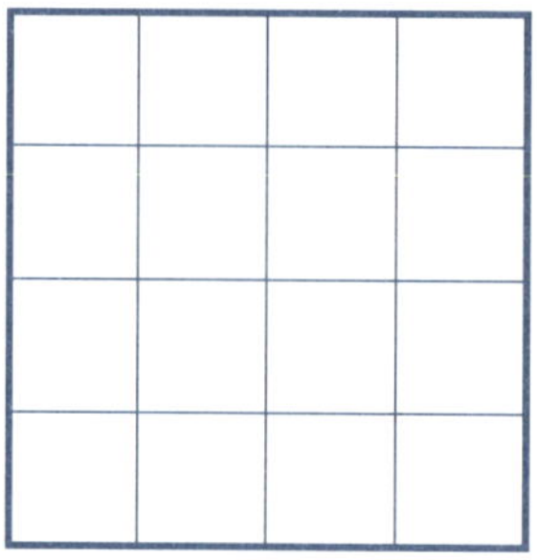

③

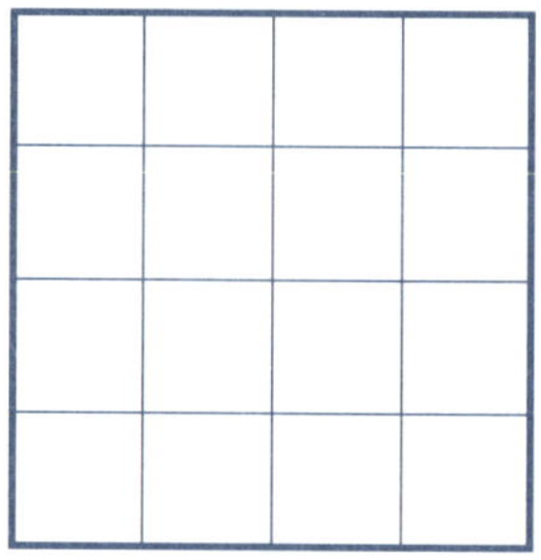

④

⑤

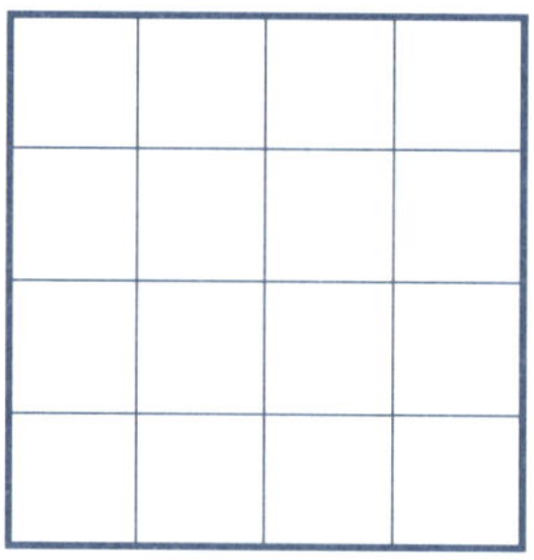

⑥

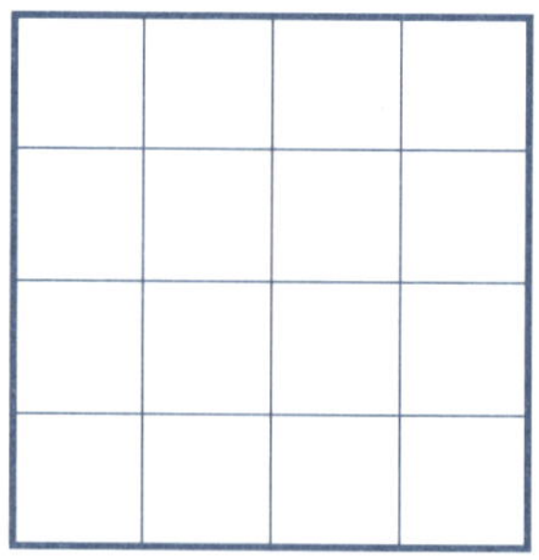

[정답]

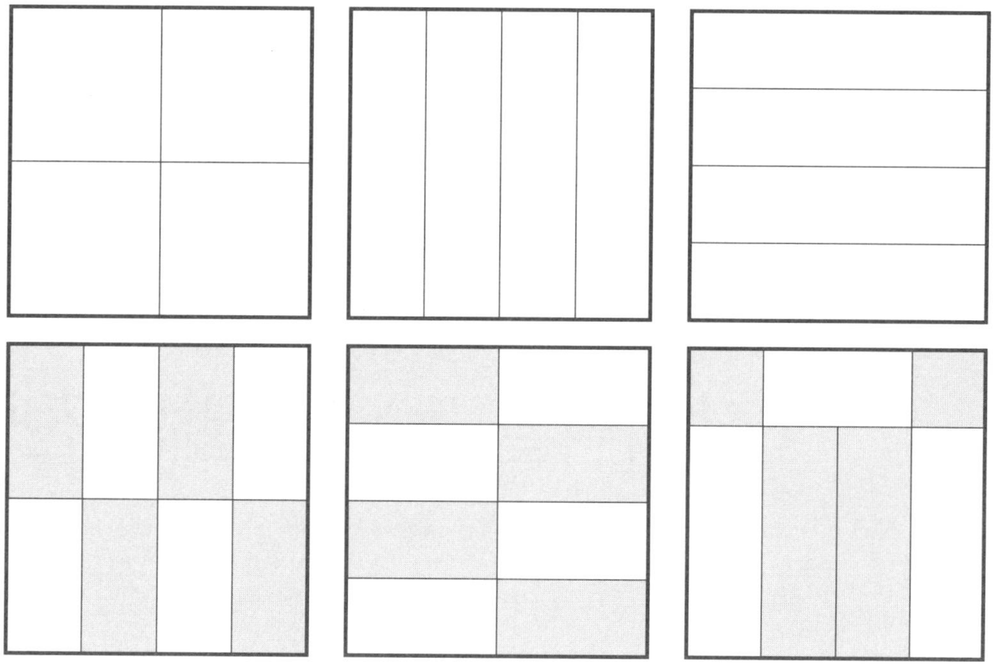

제 3 장

창의력을 높이는 발문 전략

<table>
<tr><th colspan="4">창의력을 높이는 발문 전략</th></tr>
<tr><td colspan="2">세부 내용</td><td colspan="2">• 질문과 발문의 개념과 필요성 이해하기
• 질문과 발문의 내용</td></tr>
<tr><td colspan="2">목표</td><td colspan="2">• 질문과 발문의 개념과 필요성을 알 수 있다.
• 좋은 발문을 해 볼 수 있다.
• 창의력을 촉진하는 대화를 할 수 있다.</td></tr>
<tr><th colspan="2">단계</th><th>교수 · 학습 활동</th><th>자료</th></tr>
<tr><td>1</td><td>도입단계</td><td>• 질문과 발문을 위한 동기 유발
–질문과 발문이라는 단어를 듣고 떠오르는 생각 말해 보기
–질문과 발문의 뜻 알아보기</td><td></td></tr>
<tr><td>2</td><td>전개단계</td><td>• 창의력을 높이는 질문과 발문
• 발문의 유형
• 좋은 발문의 조건
• 창의력을 촉진하는 발문
• 발문 지도 시 주의사항</td><td>활동지</td></tr>
<tr><td>3</td><td>정리단계</td><td>• 학습 소감 발표
–앞으로 질문과 발문을 잘하기 위해 할 수 있는 방법에 대해 발표하기
–활용 계획 이야기하기</td><td></td></tr>
</table>

1 창의력을 높이는 질문과 발문

창의력을 높이려면 사고를 자극하는 것이 효과적이다. 사고를 자극하기 위하여 문제를 만들어 풀어 가는 동안 창의력을 높이는 것도 중요하지만 교육 활동 중에 이루어지는 교사와 학생 간의 대화도 중요한 역할을 한다. 특히 수업 중에 이루어지는 대화 중에서도 질문과 발문은 학생들의 사고력을 높이고, 특히 발문은 창의력을 높이는 데 효과가 있다.

질문은 사전적으로 볼 때 의문점을 바로잡아 밝히려는 물음이거나 무엇을 얼마만큼 어떻게 알고 있는가를 알아보려고 묻는 것이다. 이에 반해 발문은 학생의 사고를 자극, 유발하여 새로운 추구나 발견 또는 상상의 확대를 가져오고 창의적인 생각을 발전시켜 나가기 위한 문제 제기라는 점에서 구별되어야 한다.

즉, 질문은 모르는 입장에 있는 사람이 아는 입장에 있는 사람에게 던지는 물음인데, 이는 우리의 일상생활을 포함한 광범위한 물음이 된다. 또 질문은 기억 재생을 위한 물음으로 평가적 성격을 띠고 있는 것이다. 하지만 발문은 교사가 학생들의 창의력을 높이기 위하여 의도적이고 목적적으로 던지는 문제 제기를 위한 질문으로서 학생의 사고를 발전시켜 문제를 해결해 가도록 유도한다는 점에서 구분하여야 한다.

2 발문의 유형

발문의 유형에는 정보 재생 발문, 추론 발문, 적용 발문, 수렴적 사고 발문, 확산적 사고 발문, 평가적 사고 발문 등이 있다.

1) 정보 재생 발문

학습하였던 내용이나 경험한 사실을 알아보기 위한 발문으로, 주로 도입단계에서 이루어진다. 대개 단순한 지식과 사실, 방법과 원리 열거, 계산 결과 등에 관한 발문으로 일문일답의 형식을 취한다.

예: 미국 대통령의 이름은 뭐지요?

2) 추론 발문

학생들의 지식, 정보 등을 이용하여 비교, 대조, 구분, 분석, 종합 응답하게 하는 발문이다. 학생이 생각해서 응답해야 하는 일종의 문제 해결 수준의 발문이다. 즉, 학생들이 추론하고, 자료를 해석하고, 두 요인 이상 간의 관계를 찾아내고, 학습 자료의 핵심 내용을 설명하도록 하는 높은 수준의 발문이다.

예: 에티켓과 매너의 다른 점은 뭐지요?

3) 적용 발문

학생들의 확산적 사고를 계발하기 위하여 새로운 사태에 적용, 예언 또는 가설을 설정하도록 하는 발문이다. 학생들이 예언하고, 이론을 발전시키며, 원리를 새로운 사태에 적용시켜 응답할 수 있는 높은 수준의 발문이다. 일반적으로 창의성 교육의 정리단계에서 학생들이 배운 원리나 개념을 정리하고, 그 내용을 토대로 새로운 가설을 세운다거나 심화 발전된 문제를 해결하고자 할 때 사용할 수 있다.

예: 세상에 물이 없다면 어떻게 될까요?

4) 수렴적 사고 발문

이미 제시되었거나 기억된 자료의 분석과 통합에 관련한 발문이다. 정보의 해석, 연결, 설명, 결론 도출 등과 같은 정신적 활동을 촉진시키기 위해 사용된다. 수렴적 사고 발문이라도 학생이 광범위한 독서를 하였거나 전에 유사한 질문을 받은 경험이 있는 경우에는 인지-기억적 발문이 될 수도 있다.

예: 왜 물은 고도가 높은 산에서는 낮은 온도에서 끓는가?

5) 확산적 사고 발문

학생들에게 필요한 자료를 모두 제시하지 않은 상황에서 학생들이 자유롭게 자신의 자료를 산출하게 하는 발문이다. 주로 학생들의 사고를 특정한 방향으로 제한할 만큼 충분한 정보를 제공하지 않은 상황에서 세밀화, 확산적 연결 또는 종합과 같은 조작을 자극한다.

예: 석탄과 기름이 고갈된다면 어떤 일이 일어날까?

6) 평가적 사고 발문

사실 문제보다는 가치의 문제를 다루는 발문을 말한다. 판단하는 기준이나 준거는 주로 과학적 증거, 합의에 의해서 결정된 것으로, 명시적인 것이거나 내재적 준거와 같은 암시적인 것이다. 학생들이 실험 설계를 구성함에 있어 방법과 절차를 평가하고, 가치의 문제를 평가하고, 비판하고, 의견을 제시하라는 질문을 받을 때는 평가적 사고를 한다.

예: 우주 개발에 소요되는 돈과 시간, 과학적 노력을 지구상의 기근과 가난 같은 문제 해결에 사용해야 한다는 주장에 대해 어떻게 생각하는가?

3 좋은 발문의 조건

좋은 질문이 되기 위해서는 다음과 같은 점에 유의한다.

1) 명확하고 간결하게 한다

교사의 질문이 무엇을 묻는 것인지 학생이 쉽게 이해하여 대답할 수 있도록 응답의 방향과 내용이 유도되어야 한다. 따라서 설명적인 장황한 질문이나 이중, 삼중의 중복적인 내용의 질문은 피해야 한다.

2) 질문을 계열화한다

질문은 임의의 순서로 묻기보다 학습 활동의 전개 순서에 알맞게 하여 문제 해결 방법을 차례차례 찾아가도록 하는 것이 바람직하다. 그리고 너무 빨리 많은 질문을 하지 않으며 초점이 없거나 추측해서 대답해야 하는 질문은 하지 않는다. 적절하고 중요한 바른 질문을 하려고 노력한다.

3) 사고를 자극하는 질문을 한다

질문은 학생의 사고를 자극할 수 있는 문제점이나 의문 또는 모순점 등을 제시함으로써 단순한 지식 전달 수단이나 기억 재생을 위한 질문이 되지 않도록 하여야 한다.

4) 개인차를 고려하여 질문한다

학생 개인차에 따라 난이도를 고려함으로써 학습 우수아에게는 어려운 질문으로 자극을 주어 학습의욕을 고취시켜 주고 학습 부진아에게는 쉬운 질문으로 성취감을 경험하도록 하여 자신감을 갖고 참여하도록 하는 것이 바람직하다.

5) 생각할 시간을 충분히 준다

학생이 시간을 두고 사고 활동 과정을 통해서 응답이 가능한 내용의 질문을 함으로써 학생의 반성적 사고에 자극을 주어야 한다. 5~15초 정도 기다리고, 계속하여 대답이 없는 경우에도 대신 대답하지 않고 단서나 힌트를 주거나, 문제를 쉽게 설명해 주거나, 비슷한 문제를 예시해 주어 반응을 유도한다.

6) 열린 질문과 닫힌 질문이 균형 있게 주어야 한다

열린 질문이란 발산적 사고를 요구하는 질문이다. 다양하고 독특한 생각을 격려하는 질문이다. 반면 닫힌 질문이란 수렴적 사고를 요구하는 질문으로, 발산적으로 사고해 낸 대안 가운데서 가장 적절하고 중요한 대안을 판단하고 선택하는 사고다.

7) 대화 분위기 조성에 도움을 주는 질문을 해야 한다

일방적인 지시문보다 1인칭 메시지(I-메세지법)를 활용함으로써 친절하고 자상한 느낌을 주면 학생과 학생 간의 관계를 인격적으로 결합시킬 수 있어 온화하고 민주적인 대화 분위기를 조성할 수 있다.

8) 핵심에서 벗어나지 않아야 한다

상대방이 "다시 한 번 말씀해 주시겠어요?"라고 하거나 "그게 이 문제와 무슨 관계가 있죠?"라고 한다면 질문이 핵심에서 벗어나고 있다는 뜻이다. 이미 그 정도의 말을 할 정도라면 대화는 서로 다른 방향으로 흘러가고 있다고 해도 과언이 아닐 것이다. 효과적인 질문은 핵심에서 벗어나지 않고 화제에 초점을 잘 맞추어야 가능하다.

9) 적절해야 한다

상황이나 타이밍이 부적절한 질문은 상대를 당혹하게 하거나 분위기를 어색하게 만든다. 목적과 상황, 분위기, 타이밍에 맞게 질문해야 한다. 만약 아차 하는 사이에 적절치 않은 질문을 하였다면 재빨리 초점을 되찾아 상황을 반전시켜야 한다. 그러기 위해서는 상대를 미리 파악하고 현상에 대한 깊은 조예가 있어야 가능하다.

10) 긍정적이고 건설적이어야 한다

생각을 키워 주는 질문을 하기 위해서는 항상 긍정적인 방향으로 이끌어야 한다. "지각을 반복하였을 때 어떤 벌칙을 주어야 할까요?"라고 하기보다는 "지각을 하지 않으려면 어떤 좋은 방법이 있을까요?"라고 한다면 받아들이는 사람도 긍정적인 생각과 답을 제시할 것이다.

11) 대답을 유도하지 않아야 한다

질문을 이미 만들어진 답안에 끼워 맞춰서는 생각을 자극하지 못한다. "이것이 옳은 방법은 아니죠?" 또는 "더는 좋은 방법이 없을 것 같은데 어떠십니까?"라고 한다면 대답은 아주 쉽거나 의미가 없어질 것이다. 또는 대답할 의욕마저 생기지 않을 것이다. 만약 동의하지 않는 의견이 있을 때는 자칫 감정만 상하게 하여 대화가 엉망이 되어 버릴 것이다.

12) 긍정적 분위기로 수용해야 한다

교사는 먼저 학생의 진술이나 생각에 대하여 관심과 호기심을 가지고 귀 기울여 들으며 이해하려고 노력해야 한다. 그래야 적극적인 대답이 가능해진다. 반응이 어떠한 내용의 것이라도 잠정적으로는 그것을 수용하고 받아들여야 한다. '맞다' '틀렸다'와 같이 반응할 것이 아니라 '그렇군.' '그렇게 생각할 수도 있겠군.' 등과 같이 생각하여 받아들인다. 기를 꺾는 말보다는 긍정적인 반응을 하는 것이 좋다.

- (네)가 그렇게 행동하면 (나)는 어떻게 해야 할까?
- (네)가 이 문제를 풀면 (나)는 무척 행복할 것 같은데…….
- (내) 생각은 ~한데 (네) 생각은 어떤지 말해 줄 수 있을까?

이와 같은 점을 생각하며 질문하기 위해서는 깊은 주의력과 섬세함이 필요하다. 이러한 점을 감안하여 주의 깊게 질문한다면 상대의 생각을 자극하여 유용한 정보를 얻을 수 있을 뿐 아니라 대화 자체도 훨씬 부드러워지는 것을 느낄 수 있을 것이다. 답을 미리 정하지 않고 간단명료하게, 핵심을 관통하는 적절한 열린 질문을 하는 것이 창의력을 키우는 데 도움이 된다.

4 창의력을 촉진하는 발문

창의력을 촉진할 수 있는 발문법에는 다양한 것이 있다. 학생들의 창의력을 촉진하는 발문은 다음과 같이 문제 파악, 문제 추구 및 해결, 발전 적용, 정리 평가 단계를 거치면서 이루어진다.

창의력을 촉진할 수 있는 발문법

창의성 교육단계	사고 촉진 발문	창의적 사고 촉진 발문 사례
문제 파악	(재생적 발문) 학습 탐색 발문 목표의식 발문 학습동기 유발 발문 학습 안내 발문	• 지난 시간에 배운 내용은 무엇일까? • 이번 시간에 배울 주제는 무엇일까? • 이번 시간에 배우고 싶은 내용이 무엇일까? • 이번 시간에 공부할 내용을 말해 볼까?
문제 추구 및 해결	(추론적 발문) 개념 명확 발문 요점 정리 발문 핵심 강조 발문	• 이것의 뜻을 말해 볼까? • 이 문제를 해결할 수 있는 방법은 무엇일까? • 자료를 어떻게 활용해야 할까? • 왜 그것이 중요할까? • 만약 ~ 하면 어떻게 될까? • 이 시간에 새로 알게 된 사실은 무엇일까?
발전 적용	(적용 및 확산적 발문) 내용 정리 발문 요점 정리 발문 의문점 발견 발문	• 이번 시간에 학습한 내용을 말해 볼까? • 이번 시간에 학습한 내용 중 가장 중요하다고 생각한 것을 말해 볼까? • 매번 그런 결과가 나올까? • 이외에 또 다른 방법이 없을까?
정리 평가	(확산적 발문) 학습 내용 예고 발문 창의성 교육 목표 도달 발문 창의성 교육 결과 반응 발문	• 다음 시간에 무엇을 학습할까? • 준비할 자료를 말해 볼까? • 어떻게 해결할 수 있을까? • 가장 재미있게 학습한 내용은 무엇인가? • 그 이유는? • 가장 쉬운 내용은 무엇인가? • 가장 어려운 내용은 무엇인가?

5 발문 지도 시 주의사항

발문에 대한 학생의 응답이 틀렸을 때 교사의 부정적인 태도는 학생들이 교사의 발문에 관심을 갖지 않도록 만든다. 따라서 발문에 대한 응답 결과의 처리에 대해서도 깊은 관심을 기울여야 한다. 특히 학생들의 사고력과 창의력을 신장시키기 위해서는 다양한 발문에 대한 사려 깊은 응답을 해야 하는데 방법은 다음과 같다.

1) 성공적인 답변에 대해서는 칭찬과 격려를 아끼지 않는다

학생이 질문에 답변을 잘하면 그에 대해서 칭찬을 아끼지 말아야 한다. 또한 학생이 어려운 부분이나 한계를 이야기하면 그에 적절한 격려를 해 주어야 한다. 칭찬과 격려는 학생의 의욕을 고조시켜 다음 문제 해결에 자신감을 준다. 뿐만 아니라 답변에 대한 응답이 학생에게 인간적으로 대우 받고 있다는 인상을 주고 더욱 답변을 잘하게 하는 동기를 유발할 수 있다.

예: 학생: "저는 자신감이 너무 부족해서 무슨 일이든 닥치면 두려움이 먼저 생깁니다."
교사: "누구나 처음에는 그렇단다. 너는 자신감을 가지고 무슨 일이든 잘할 수 있게 될 거야."

2) 답변이 틀렸으면 구체적으로 이야기해 준다

질문에 대하여 학생이 틀린 답변을 해도 무시하거나 핀잔을 주어서는 안 된다. 학생의 답변에 대하여 틀린 부분을 구체적으로 지적하고 기분 나쁘지 않도록 해결책을 제시해 주는 것이 좋다. 틀렸을 경우에라도 격려나 칭찬으로 자기의 결점을 쉽게 찾도록 해야 한다.

예: 학생: "저는 행복의 가치를 돈이라고 생각합니다."
교사: "물론 돈이라고 생각할 수도 있지만 돈이라고만 한다면 너무 인생이 각박하잖아. 그러니까 네가 가진 능력을 행복의 가치라고 생각하면 어떨까?"

3) 학생의 상황을 분석하고 이야기한다

학업 수준이 낮은 학생은 대화 수준이 낮아 답변의 수준도 낮을 수 있다. 또한 대화 능력이 부족한 학생은 자기 표현 능력이 부족하여 어눌하게 답변할 수 있다. 그리고 내향적인 학생은 소극적으로 답변하게 된다. 이러한 경우에는 학생의 상황에 맞도록 한층 세심한 주의를 기울인다.

4) 학생을 편애하지 않는다

학생을 편애하여 어떤 학생의 답변은 받아들이고 다른 학생의 답변은 배척한다든가, 질책이나 방관하는 등 불공평한 처리를 하는 것은 학생의 반감을 산다. 그러므로 객관적인 입장에서 학생의 말을 수용하고 결과도 공정하게 평가해야 한다.

5) 구체적이고 간결해야 한다

발문이 명확하지 않으면 그 발문을 제대로 해결하는 학생이 없을 수도 있다. 이런 때는 발문을 즉각 명확히 알 수 있도록 구체적이고 간결하게 재구성하여 발문하면 학생들이 발문의 의미를 깨닫고 답을 할 수 있다.

예: "3 · 1운동에 대하여 말해 볼 사람은?"이라는 발문을 던졌다면 학생의 입장에서 3 · 1운동의 원인을 말해야 할지, 3 · 1운동의 결과를 말해야 될지 몰라 망설이게 된다. 따라서 "3 · 1운동의 결과는?"처럼 구체적으로 발문한다.

6) 중개발문을 통하여 학습효과를 높인다

교사가 발문을 던진 다음 학생을 지명하여 답을 듣는 경우 그 학생이 교사를 대상으로 답하기 때문에 학급 학생들이 무슨 대답을 하였는지 알지 못하는 경우도 있다. 그러한 경우에는 중개발문이 효과적이다.

학생의 응답을 교사가 즉시 판정하는 것보다는 교사가 학생의 답을 전체 학생에게 전하고 그것에 대해 학생들이 그 답의 옳고 그름을 판단하게 하는 것이 사고력 증진에 도움이 된다.

7) 교재나 참고서의 말을 그대로 사용하지 않는다

발문이 교재나 참고서의 말을 그대로 인용하면 재생, 확인, 주입발문의 한계를 벗어날 수 없다.

8) 틀린 응답에 대해서는 생각하고 말한다

틀린 답을 한 경우 교사는 구체적으로 틀린 곳을 지적하되 격려 섞인 칭찬을 함으로써 학생이 자신의 결점을 찾고 계속적으로 학습 활동에 적극 참여하도록 해야 한다. 틀린 답을 했다고 해서 학생의 인격에까지 상처를 주는 발언을 하는 것은 지양해야 하므로 늘 생각하고 말해야 한다.

9) 다양한 지명법을 활용한다

창의성 교육은 역동적이어야 하므로 다양한 교수법을 활용하여 학생이 흥미를 가지고 학습에 임할 수 있도록 활기차고 생동감 있는 학습 활동을 유도해야 한다. 따라서 발문에 대한 지명도 매시간 동일한 방법으로만 이끌어 가는 것보다는 ① 무작위 지명 ② 지원자 지명 ③ 의도적 지명 ④ 번호별 지명 등과 같은 다양한 지명법을 활용하여 학생에게 학습기회와 발표기회를 줌으로써 학습력을 높여야 한다.

10) 지명 시에는 친근감 있는 태도를 보여야 한다

학생에게 발문을 던진 다음, 지명할 때 만일 틀린 답을 하면 체벌을 가한다는 조건을 내세운다든지 실제로 틀린 답을 한 학생을 벌한다든지 하는 일은 삼가는 것이 좋다. 또한 학습 활동이 경쟁적인 것보다는 협동적으로 이루어지도록 해야 하며, 교사가 지명할 때에도 학생의 이름을 친근감 있게 부르고, 설령 학생의 응답이 서툴 때도 정답이 나오도록 하는 교사의 기술적인 유도가 필요하다.

활동 25 창의력을 촉진하는 발문하기

창의력을 촉진하기 위한 활동이다. 현재 하고 있는 창의력 수업으로 할 수도 있지만 배우고 있는 다른 과목이나 상상의 과목을 설정하여 적용할 수 있다. 이 활동을 통해 창의력이 높아지도록 지도한다.

다음 구분에 따라 제시되는 문제에 적절한 답변을 해 봅시다.

구분	문제	답변
문제 파악	• 지난 시간에 배운 내용은 무엇일까? • 이번 시간에 배울 주제는 무엇일까? • 이번 시간에 배우고 싶은 내용이 무엇일까? • 이번 시간에 공부한 내용을 말해 볼까?	– 창의력의 정의 – 창의력을 높이는 발문법 – 창의력 높이기 – 창의력을 높이는 발문법
문제 추구 및 해결	• 창의력을 높일 수 있는 방법은 무엇일까? • 창의력을 높이기 위한 자료에는 무엇이 있을까? • 자료를 어떻게 활용해야 할까? • 왜 그것이 중요할까? • 이 시간에 새로 알게 된 사실은 무엇일까?	– 지속적으로 새로운 생각을 하게 한다. – 활동, 독서자료 등 – 자주 읽어 본다. – 사고를 자극하기 때문이다. – 창의력을 높이는 방법
발전 적용	• 이 시간에 학습한 내용 중 가장 중요하다고 생각한 것을 말해 볼까? • 매번 그런 결과가 나올까? • 이 외에 또 다른 방법이 없을까?	– 창의력을 높이는 방법 – 그럴 수 있다. – 다른 방법도 있다.
정리 평가	• 다음 시간에 무엇을 학습할까? • 이번 시간에 가장 재미있게 학습한 내용은 무엇인가? • 그 이유는? • 가장 쉬운 내용은 무엇인가? • 가장 어려운 내용은 무엇인가?	– 창조적 인간이 되는 노하우 – 창의력을 높이는 발문법 – 대화를 통해서도 창의력이 높아지기 때문에 – 정보 재생 질문 – 평가적 사고 발문

MEMO

제 4 장

창조적 인간이 되는 노하우

창조적 인간이 되는 노하우			
세부 내용		• 창조적 인간의 개념과 필요성 이해하기 • 창조적 인간이 되는 노하우	
목표		• 창조적 인간의 개념을 알 수 있다. • 창조적 인간이 될 수 있다.	
단계		교수 · 학습 활동	자료
1	도입단계	• 창조적 인간을 위한 동기 유발 –창조적 인간이라는 단어를 듣고 떠오르는 생각 말해보기 –창조적 인간의 뜻 알아보기	
2	전개단계	• 고정관념을 버린다 • 역발상의 사고를 갖는다 • 발상의 전환을 한다 • 하면 된다는 생각을 갖는다 • 창의력은 빨라야 한다 • 끊임없이 변화를 시도한다 • 몰입하는 힘을 기른다 • 호기심을 기른다	활동지
3	정리단계	• 학습 소감 발표 –앞으로 창조적 인간이 되기 위해 할 수 있는 방법에 대해 발표하기 –활용 계획 이야기하기	

어른과 학생에게 똑같이 종이 한 장을 주며 그림을 그리라고 하였다고 하자. 두 사람의 반응은 대체적으로 다음과 같다. 어른들은 "뭘 그려요?"라고 묻고, 학생들은 "아무거나 그려도 돼요?"라고 묻는다. 이것은 어른은 의식이 고정되어 있는 반면, 학생의 의식은 유동적이라는 것을 뜻한다. 그렇다고 해서 어린 학생들만 창조적이고 어른들은 그렇지 못하다는 것은 아니다. 단, 어른들은 오랫동안 한 울타리 안에서 똑같이 보고 배우면서 자기도 모르게 창의력을 잃어 가기 때문에 아직 자신의 틀을 만들지 않은 학생들에 비해 창의력이 떨어진다.

우리가 사는 공간에 더는 새로운 것이 없다. 매일매일 쏟아져 나오는 새로운 것을 모두 만나기도 어려울뿐더러, 내 손으로 남들과 다른 것을 만들어 내기도 어렵다. 어떤 분야에서든 21세기 키워드는 '창의력(creativity)'이다. 아니 이것은 시대를 막론하고 해당하는 말이다. 구석기시대의 주먹도끼와 청동기문화를 바탕으로 성립된 고조선의 비파형 동검은 얼마나 획기적인 발전이었는가? 이처럼 역사적 도약은 어떤 이의 독창적인 생각에서 출발한다. 즉, 창의력이란 다양한 생각이 몰고 온 위대한 결과물이자, 고정관념이라는 알을 깨고 나온 새로운 생명체와도 같다.

의식이 고정되어 있는 사람은 창조적인 생각을 하기 어렵다. 이런 사람들은 오로지 사회의 규범 안에서 생각하고 기존의 틀 속에 갇혀 있다. 반면 의식이 유동적인 사람들은 사고를 마음대로 하고 창조적인 생각을 즐긴다. 여기서 말하는 창조란 쉽게 말해 남들이 생각하지 않는 것이다. 이제까지 없었던 것을 새로 만들거나, 기존의 것을 한 번 더 생각하여 새롭게 만드는 힘이다.

우리 민족은 남다른 역동성과 뛰어난 창조력으로 세계의 주목을 받는 국가로 우뚝 섰다. 아무것도 가진 것 없이 이만큼 성장할 수 있었던 원동력은 남다른 교육열로 무장한 인적자원과 함께 창의력이 있었기 때문이다.

1 고정관념을 버린다

지금처럼 생각하고 행동하도록 만드는 것은 무엇일까? 어떤 대상에 이끌려 끊임없이 나의 의식을 지배하고 있는 것은 무엇일까? 그것은 바로 '고정관념'이다.

고정관념은 회사업무 진행을 비롯해 사회적 인맥을 맺는 데 걸림돌로 작용한다. 일상적인 생각, 즉 틀에 박힌 생각만 갖고서는 미래지향적 사고를 하기가 어렵다. 특히 급변하는 사회에 적응하기 위해서는 창의적인 사고가 필수다. 남들과 똑같이 생각하는 순간 사회에서 어필할 수 있는 것 하나를 잃는 셈이다.

고정관념 버리기는 생각보다 쉽다. 자신이 가지고 있는 관습적인 사고의 틀인 고정관념을 버리고 다른 방식으로 사물을 보는 것이며, 독창적인 대안을 찾는 것이다. 창조력은 보다 자유롭게 자신의 생각을 확장시키고 우리의 상상력을 자극한다. 그러나 대부분의 사람들이 창의력을 갖지 못하는 이유는 나는 할 수 없다는 고정관념이 강하기 때문이다. 나는 무엇이든 할 수 있다는 생각만 가지면 세상은 자신이 생각하는 만큼 가능성이 큰 세상이 될 수 있다.

고정관념을 버리고 새로운 것에 도전하는 것은 누구에게나 두려움, 그 자체다. 그러나 자신의 현 상황에 안주하기만 한다면 새로운 것을 얻을 수 없으며 시대의 변화에 뒤떨어지게 될 뿐이다.

2 역발상의 사고를 갖는다

역발상이란 상식을 깨는 새로운 패러다임으로 사물을 바라보는 시각이다. 즉, 남들과 똑같은 생각을 하지 않고 다른 시각에서 생각하며, 역발상적인 사고를 통해 좀 더 발전하는 것이다.

일본의 한 레스토랑 체인업체는 도쿄 중심지에 500평에 달하는 대규모 물류센터를 만들었다. 보통 물류센터는 땅값이 싼 곳에 세우는 것이 일반적이다. 그러나 이 레스토랑은 도심에 물류센터를 마련하여 배송시간과 물류비용을 타 업체의 절반 수준으로 낮춤으로써 경쟁력을 갖추게 되었다.

역발상의 사고능력을 기르는 방법은 의외로 간단하다. 어떤 사물을 볼 때 눈에 보이는 것만 보지 말고 그 사물에 대한 다양한 사고를 하는 것이다. 어떤 사물이든 '왜 저렇게 생겼을까?' '다르게 생기면 안 될까?' '다른 곳에 사용하면 안 될까?' 등 하나의 사물을 가지고 다양한 생각을 할 수 있다.

예를 하나 들어 보자. 동그란 수박을 보고서 '왜 수박은 둥글지?' '네모나 세모로 만들 수는 없을까?' '수박을 얼려서 먹는 방법은 없을까?' '수박을 다 먹고 모자나 가면으로 사용할 수 있는 방법은 없을까?' 등의 생각을 하는 것이다. 이런 의문을 가지고 생각하다 보면 사고 능력이 길러지게 되며, 역발상의 사고방식이 생기게 될 것이다.

성공을 위해서는 기존의 고정관념을 버리고 반대로 생각해 보는 습관을 길러 보는 것이 중요하다. 하면 된다는 것과 무조건 안 된다고 생각하는 사람의 창의력은 하늘과 땅 차이다. 이러한 생각의 출발점에서 역발상이 나오는 것이다.

3 발상의 전환을 한다

많은 사람들이 창의적인 사고가 똑똑한 사람에게서 나온다고 하지만 발명왕 에디슨은 "천재는 99%의 노력과 1%의 영감으로 이루어진다"고 하였다. 창의적인 사고는 흐르는 물과 같다. 고여 있는 물이 썩어 죽은 물이 되듯 사람의 사고도 끊임없이 흘러야 한다. 창의적인 사고란 끊임없이 생각하는 과정에서 생기는 것이다.

창의적인 생각이나 기발한 발상은 고정관념을 버리고 다른 것과의 결합을 통해서 이루어진다. 따라서 항상 유동적인 사고와 외부의 새로운 자극이나 경험을 통해 "어떻게 하면 더 나아질까?" "어떻게 하면 더 빨리 할 수 있을까?" "어떻게 하면 더 효과가 있을까?" "어떻게 하면 남들과 다를 수 있을까?"를 고민한다면 당신에게 숨어 있던 창조력도 깨어날 것이다.

전문성이 강한 분야에서 일하는 사람은 한 가지 생각에 몰입해 정해진 틀 안에서만 사고하는 경우가 많다. 그래서 오히려 전문성을 지닌 사람들이 창의력의 꽃을 피우지 못하는 경우가 많다. 따라서 창의력을 가지기 위해서는 끊임없이 생각하는 습관을 가져야 한다.

4 하면 된다는 생각을 갖는다

나이키의 창업자 필 나이트 회장이 내세운 회사 5대 강령은 무엇일까? "Just do it." "지독해야 한다. 하지만 규칙은 지켜라." "반드시 이기려고 해야 한다." "올림포스의 신을 따르기 위해 열심히 노력하라." "결코 다른 신을 섬겨서는 안 된다."이다. 특히 그들은 "신발 가게는 망해도 나이키는 망하지 않는다"는 말을 만들어 "Just do it(하면 된다)"의 힘을 전 세계로 퍼뜨린 일등공신이다.

항간에 현대와 삼성을 비교할 때가 많다. 하나의 일을 처리하는 데 있어 삼성은 100여 장의 보고서를 만들고, 현대는 1장의 보고서만 만든다고 한다. 이 말은 두 기업의 장단점을 꼬집는 말이 아니라, 단편적인 경영 스타일을 꼬집는 말이다. 현대의 경우, 많은 생각과 연구 끝에 일을 시작하기보다는 실용적인 것을 우선시하고 일단 계획을 세우면 밀고나가는 경영 방식의 우회적인 설명인 듯하다. 이는 '하면 된다'를 뛰어넘어 '안 되면 되게 하라'는 정신이 그대로 반영된 것이다.

돈이 있는 사람이든 없는 사람이든 인생을 살다 보면 난관에 부딪히기 마련이다. 그런 면에서 하늘은 모두에게 공평하다는 말이 나오는 것이다. 단지 난관에 부딪혔을 때 어떠한 사고로 대처하느냐가 그 사람의 운명을 바꿔 놓는 계기가 된다. 고 정주영 명예회장의 어록 중 "해 보기나 해 봤어?"라는 말이 있다. 이 말은 많은 사람들이 해 보지도 않고 실패할 것이라는 두려움에 스스로의 운명을 개척하려고도 하지 않고 자포자기해 자신의 가능성을 놓쳐 버린다는 의미를 내포하고 있다.

5 창의력은 빨라야 한다

미래학자 앨빈 토플러는 지구촌은 이제 강자와 약자 대신 빠른 자와 느린 자로 구분될 것이라고 하였다. 포드사의 도널드 패터슨 회장은 성공하는 기업과 낙오하는 기업을 구분하는 가장 중요한 척도는 시간에 대한 패러다임이라고 말하였다. 20세기 기업의 패러다임도 이 '좋은 물건을 싸게'였다면 21세기는 '새로운 것을 빨리'로 바뀌게 되었다.

이제 누구도 거부할 수 없는 'Speed' 시대가 되었다. 차와 사람, 컴퓨터, 기업 등 무엇이든 빨리 움직이고 빨리 받아들이고 더 빨리 움직여야만 대접받는 시대가 되었다. 한국인의 전통적인 느림과 여유의 미덕은 사라지고 빠름과 재촉이 지배하는 시대 속에서도 변화는 끊임없이 이루어지고 있다.

음식에서도 패스트 푸드가 우리의 식탁에 자리를 잡아 가고 있다. 패스트 푸드는 생산량과 속도를 최고시하는 현대사회를 상징하는 것 중 하나가 되었고, 우리의 삶의 구조에서 시간을 아껴서 살라는 교훈을 주고 있다.

오늘 내가 필요하다고 생각하면 내일 바로 상품화되는 시대가 왔다. 어쩌면 내가 필요하다고 생각하였는데 이미 나와 있는 경우도 많다. 세상은 이처럼 생각할 기회마저도 주지 않고 빠르게 변하고 있다.

정말 어느 책의 제목처럼 머뭇거릴 시간이 우리에게는 없다. 무슨 일이든 생각나면 바로 실행에 옮겨야 한다는 것을 의미한다. 창의적인 인간은 여러 가지 분야의 지식을 체득해야 하고 다양한 업무를 할 줄 아는 사람을 일컫는다. 남들보다 빨라야 그 시장에서 블루오션을 공략할 수 있다. 남들보다 생각이나 행동이 늦으면 우리는 처절한 경쟁 시장인 레드오션에 빠질 수밖에 없다.

6 끊임없이 변화를 시도한다

'10년이면 강산도 변한다'는 말은 지금처럼 변화의 속도를 따라가기도 힘든 디지털시대에서는 진부하게 들린다. 세상사에서 '스피드'의 중요성이 갈수록 커지는 요즘에는 어디서나 변화와 혁신을 이야기한다. 미래학자들은 21세기의 키워드는 단연 '변화'라고 입을 모은다. '세상에서 변하지 않는 유일한 진실은 모든 것은 변화한다는 사실이다'는 주장에서 보듯이, 21세기에 들어 세상은 우리에게 더욱 빠르게 변화할 것을 요구하고 있다. 그러나 환경의 변화는 기하급수적으로 일어나고 있는데 비해 우리의 생각은 산술급수적으로 변하기 때문에 외부 환경의 변화에 제대로 적응하지 못하고 있다.

문제는 급변하는 사회는 개인의 변화라고 알려 주는 것도 아니며 더욱이 변화를 기다려 주지도 않는다는 것이다. 변화의 속도와 그 복잡성 때문에 환경의 변화를 감지해서 이에 즉시 적응할 수 있는 개인만 살아남는 세상이 되어 가고 있다. 우리의 주변을 보면 어제 성공한 사람이 오늘도 계속 성공을 하는 것은 아니라는 사실을 알 수 있다. 과거에 성공한 수많은 사람들이 현재는 사람들의 뇌리에서 잊혀져 기억되지 못하는 경우가 많고, 잘 나가던 기업이 얼마 지나지 않아 망하거나 바닥으로 곤두박질치는 것을 볼 수 있다.

최근 미국에서 발표한 자료를 보면 15초마다 새로운 과학논문이 발표되고 15분마다 새로운 상품이 등장하여 기술혁신이 이루어진다고 한다. 그만큼 사회가 급변하고 있다는 것이다. 사회의 변화는 개인의 변화를 요구하고 있으며 멈추어 있으면 현상 유지가 아니라 퇴보하는 시대가 되었다.

결국 우리는 지금 최고 위치에 있더라도 준비하지 않으면 내일 당장이라도 망할 수 있다는 위기의식을 가지고 항상 긴장하고 있어야 한다. 늘 맞닥뜨릴 수 있는 위기상황과 문제를 확실히 인식하도록 해야 하며 그 위기감이 항상 지속되도록 해야 한다. 위기의식을 가지지 못한 사람은 시대의 변화에 기류를 타고 변하지만, 위기의식을 가진 사람은 다가올 위기에 그냥 있지 않고 혁신을 한다. 변화는 시대적 변화에 대응하는 것이지만, 혁신은 제도나 방법, 조직이나 풍습 따위를 고치거나 버리고 새롭게 하는 것이다.

따라서 미래 사회에서 성공하는 창의적 인간이 되려면 항시 위기의식을 가지고 지금 발생하거나 또는 다가올 미래의 문제에 대하여 철저한 분석과 새로운 분야를 개척해야 한다.

이제 변화는 선택이 아닌 필수다. 그러나 혁신은 선택이다. 미래에 대한 정확한 진단과 함께 내가 가지고 있는 쓸모없는 것을 버리고 새로운 것을 받아들이는 자세가 바로 창의적 인간이 되기 위하여 필요하다.

7 몰입하는 힘을 기른다

아인슈타인, 미켈란젤로 등 역사 속 천재의 이야기를 살펴보면 그들이 고도로 집중된 상태에서 주어진 문제에 대해 몰입하였음을 알 수 있다. 그들이 천재로 불리게 된 것은 타고난 천재성이 아니라 집중성 때문이다.

몰입하는 방법은 간단히 3가지로 나눠 볼 수 있다. 첫째, 자신이 무엇을 원하는지 명확하게 알아야 한다. 둘째, 지금 하고 있는 일에 대한 확실한 피드백을 얻어 나중에 더 잘 알 수 있어야 한다. 셋째, 하고 있는 활동에서 요구되는 능력과 자신의 욕구가 균형을 이루어야 한다.

지금 이 시대가 필요로 하는 것은 사고력과 창의력을 가진 열정적인 인재다. 몰입의 경험은 기대와 부담을 즐기고 창의적인 아이디어를 떠오르게 하며, 해야 할 일을 즐거운 일로 만드는 것은 물론 생산적 성과로까지 이어질 수 있도록 해 준다.

심리학자 미하이 칙센트미하이는 인간이 가장 행복을 느낄 때는 여가나 취미 활동을 할 때가 아니라, '일에서 몰입을 경험할 때'라는 연구결과를 발표하였다. 좋은 음식, 친구, 편안함에서 오는 기쁨도 행복해질 수 있는 방법 중 하나지만 오래가지는 못한다. 몰입은 그다음 단계로 기술이 높아지고 좀 더 어려운 도전을 하게 하는 경험을 제공한다. 따라서 몰입은 생존에 매우 중요할 뿐 아니라 행복을 느끼는 방법 중 하나다.

8 호기심을 기른다

호기심은 새롭거나 신기한 것에 끌리는 마음이다. 보다 현실적으로 본다면, 호기심을 갖게 되면 여러 가지를 알고 싶어 하고, 경험하기를 원한다.

호기심의 출발은 일단 생존에 필요한 가장 기초적인 정보를 알아 놓는 데부터 시작한다고 할 수 있다. 그러나 호기심이 많은 사람일수록 아주 기초적인 정보 외에도 기타 정보를 많이 가질수록 생존이 유리해지기 때문에 '모든 종류의 정보'를 얻는 행위를 강화시키기 위하여 노력하게 된다. 즉, 호기심이 많은 사람일수록 모르는 것에 대하여 지적 호기심을 느끼고, 그것을 풀기 전까지 답답함과 초조함 등의 불안정한 상태에 놓이게 되며, 마침내 새로운 사실을 알게 되었을 때에는 성취감과 기쁨을 강하게 느낀다. 또한 사회적으로도 정보를 많이 가진 인간이 보다 많은 권력 내지는 존경을 받을 수 있기 때문에 호기심을 통한 정보를 갈망한다고 볼 수 있다.

그러나 호기심이 없다면 세상의 변화나 지식에 대하여 관심이 없다는 것을 말한다. 따라서 창의적 인간은 호기심이 많아야만 모든 종류의 정보에 대하여 관심을 가지고 정보를 습득하기 위하여 노력한다는 것을 의미한다. 호기심이 많을수록 현재 상태에서 새로운 변화를 갖기 위하여 노력할 뿐만 아니라 성공에 대한 강한 집념을 가질 수 있기에 창의적 인간이 되고자 하는 사람에게는 필수적인 사고라고 할 수 있다.

호기심에는 여러 가지가 있지만 창의적 인간에게 필요한 호기심은 바로 지적 호기심이다. 지적 호기심 때문에 창의적 인간은 현재보다 발전하여 새로운 세계나 분야를 접촉하고 알고자 하는 욕구가 생기고 이러한 욕구가 자신의 발전에 영향을 끼칠 수 있다.

활동 26 창조적 인간 되기 1

창조적 인간이 되기 위한 활동이다. 학생들이 항목마다 3가지 정도를 적고 이를 해결하는 방법을 생각하여 적도록 지도한다.

창조적 인간이 되기 위해 다음에 답해 봅시다.

내가 가지고 있는 고정관념	고정관념 버리기
• 나는 배운 게 없다고 생각한다. • 자신이 없다고 생각한다. • 사람이 두렵다.	• 열심히 노력하면 된다. • 무조건 실천하고 보자. • 사람을 좋아해 보자.
기존의 것	**역발상 사고하기**
• 젓가락 • LED 간판 • 책상	• 왜 젓가락은 가로로만 길까? 세로로 길게 하면 어떨까? • 왜 간판은 정지해 있을까? 동영상이 나오게 하면 좋을 텐데. • 다리를 4개에서 8개로 바꾸어 보면 어떨까?
기존의 것	**발상의 전환하기**
• 등산 • 핸드폰 • 교과서	• 나는 걷지 않고 헬기를 타고 산을 오를 것이다. • 노트북에 핸드폰의 기능을 넣어서 일하면서 사용할 것이다. • 종이교과서가 아니라 전자교과서를 만들어 사용한다.
내가 잘 못한다고 생각하는 것	**할 수 있는 방법**
• 자랑 • 발표 • 자신감 부족	• 꼭 하루에 한 번은 자랑한다. • 잘하려는 생각을 가지지 않고 최선을 다해 발표한다. • 아르바이트를 해서 숫기를 키운다.

활동 27 창조적 인간 되기 2

창조적 인간이 되기 위한 활동이다. 학생들이 항목마다 3가지 정도를 적고 이를 해결하는 방법을 생각하여 적도록 지도한다.

창조적 인간이 되기 위해 다음에 답해 봅시다.

내가 늦어서 손해 본 경우	역사 속에서 늦어서 손해 본 경우
• 차를 놓쳐서 약속을 못 지킴. • 영화관에 늦게 도착하여 다음 영화를 볼 때까지 기다렸음.	• 그레이가 늦은 사이에 벨이 전화기의 특허를 얻어 냄. • 스콧이 아문젠보다 남극에 늦게 도착하여 아문젠만 유명해짐.
변화하지 않아서 손해 본 경우	**역사 속에서 변화하지 않아서 손해 본 경우**
• 부모님이 습관을 바꾸라고 하셨는데 바꾸지 않아 혼이 났었음. • 친구와 친하게 지내야 하는데 오랫동안 탐색하다 오히려 친구와 멀어지게 됨.	• 조선이 세계의 변화를 받아들이지 못해 일본의 식민지로 36년을 보냄. • 조선시대에 일본의 침략 의도가 있었으나 전쟁 준비를 하지 않아 피해를 많이 입음.
내가 몰입하는 것	**이유**
• 게임 • 핸드폰 • 친구	• 재미있으니까. • 게임을 할 수 있으니까. • 내가 좋아하니까.
내가 가지고 있는 호기심	**이유**
• 이성 • 공부 • 곤충	• 내가 좋아하는 사람만 보면 가슴이 떨린다. • 공부하면 성공하니까. • 곤충이 신기하게 생겨서.

제 5 장

창의력을 높이는 창의적 사고 과정

<table>
<tr><th colspan="4">창의력을 높이는 창의적 사고 과정</th></tr>
<tr><td colspan="2">세부 내용</td><td colspan="2">• 창의적 사고 과정의 개념 이해하기
• 창의적 사고 높이기</td></tr>
<tr><td colspan="2">목표</td><td colspan="2">• 창의적 사고의 개념을 알 수 있다.
• 창의적 사고를 할 수 있다.</td></tr>
<tr><th colspan="2">단계</th><th>교수 · 학습 활동</th><th>자료</th></tr>
<tr><td>1</td><td>도입단계</td><td>• 창의적 사고를 위한 동기 유발
–창의적 사고라는 단어를 듣고 떠오르는 생각 말해 보기
–창의적 사고의 뜻 알아보기</td><td></td></tr>
<tr><td>2</td><td>전개단계</td><td>• 주제 선정하기
• 배경지식 활성화하기
• 아이디어 생성하기
• 아이디어 완성하기
• 아이디어 평가하기
• 아이디어 발표하기</td><td>활동지</td></tr>
<tr><td>3</td><td>정리단계</td><td>• 학습 소감 발표
–앞으로 창의력을 높이기 위해 할 수 있는 방법에 대해 발표하기
–활용 계획 이야기하기</td><td></td></tr>
</table>

창의력을 향상하기 위해서는 창의적 사고가 어떤 과정을 거치는지 알아야 한다. 창의적 사고 과정을 정확히 알면 어떤 상황이든 해결할 수 있으며 새로운 사고를 하기가 쉽다. 결국 창의적 사고 과정대로 사고하면 창의적 사고능력이 향상되어 어떤 상황에서든 창의력이 높아진다.

창의적 사고 과정은 주제 선정하기, 배경지식 활성화하기, 아이디어 생성하기, 아이디어 완성하기, 아이디어 평가하기, 아이디어 발표하기 순서로 진행하는 것이 좋다. 창의적 사고를 지도할 때는 창의적 사고 과정 중심의 창의적 사고 훈련을 지속적으로 적용하는 것이 효과적이다.

창의적 사고 과정 = 주제 선정하기 → 배경지식 활성화하기 → 아이디어 생성하기 → 아이디어 완성하기 → 아이디어 평가하기 → 아이디어 발표하기

1 주제 선정하기

창의적 사고를 위한 첫 번째 과정은 과제에 따른 아이디어의 주제를 선정하는 것이다. 주제 선정은 과제 해결을 위한 아이디어의 목적을 말한다. 주제 선정을 잘 해야 아이디어의 방향을 정할 수 있으며, 좋은 결과가 나오기 때문이다. 우리가 여행을 갈 때 목적지를 정해야 버스를 탈지 기차를 타고 가야 할지가 결정된다. 여기서 목적지가 주제가 되며, 교통수단이 소재가 된다. 따라서 주제가 정해져야 제목, 소재, 제재가 나올 수 있다.

1) 제 목

제목은 아이디어 전체의 내용을 포괄하는 것으로, 창의적 사고 과정이 어떤 내용을 담고 있는가를 예상하게 한다. 따라서 제목은 아이디어를 통해 전하고자 하는 중심 생각으로, 무엇을 말하고자 하는지, 어떤 내용을 말하고자 하는지 분명해야 한다.

- 제목 선정 시 고려할 사항
  - 가능한 한 범위를 좁혀 구체적으로 정한다.
  - 자신이 잘 알고 있는 사실을 주제로 정한다.
  - 자신이 의도한 내용을 충분히 전달할 수 있어야 한다.
  - 보편성을 띠고, 많은 사람들에게 인정받을 수 있어야 한다.
  - 아이디어의 목적에 맞으면서 참신한 제목이 좋다.

- 제목의 여러 유형
  - 주제를 나타낸다.
  - 화제를 나타낸다.
  - 중심 사물이나 인물을 나타낸다.
  - 본문 중의 중요 사실을 나타낸다.
  - 상징을 드러낸다.
  - 이유나 원인을 나타낸다.
  - 감상을 나타낸다.
  - 때와 장소를 나타낸다.

2) 소 재

소재는 아이디어의 바탕이 되는 재료로, 주제를 다양한 내용으로 풀어 내기 위해 활용하는 생각거리다. 주제가 가야 하는 목적지라면 소재는 목적지로 가기 위해 이용하는 교통수단이다. 소재는 주제를 효과적이고도 풍부하게 드러내기 위한 자료다. 주제와 관련 있는 한 소재는 풍부하면 할수록 좋다. 소재 요건은 다음과 같다.

- 풍부한 소재
- 다양한 소재
- 독창적인 소재
- 구체적인 소재
- 출처가 분명한 소재

- 객관적 소재
- 주제를 뒷받침할 수 있는 소재
- 내용이 명확하고 사실과 일치하는 소재
- 독자의 관심과 흥미를 끌 수 있는 소재

3) 제 재

아이디어에 사용된 여러 가지 소재 중에서 가장 중심이 되는 이야깃거리를 말한다. 즉, 주제와 밀접한 관련이 있거나 주제를 드러내는 중요한 자료다. 좋은 제재의 조건은 다음과 같다.

- 경험한 이야기
- 알고 있는 이야기
- 배울 만한 이야기
- 모방한 이야기
- 새로운 이야기
- 비판적인 이야기
- 교훈이 될 만한 이야기
- 필요한 이야기
- 나만이 알고 있는 이야기

2 배경지식 활성화하기

배경지식이란 이미 알고 있는 지식으로 직접 경험한 것은 물론 책을 통해서 얻은 간접 경험과 지식을 말한다. 아이디어를 추출하는 데 배경지식이 있어야만 풍부한 소재가 되고 제재를 이끌어 낼 수 있다. 배경지식을 활용하는 전략으로는 연상하기, 예측하기, 질문하기 등이 있다.

1) 연상하기

연상하기는 아이디어를 추론하기 위해 자신이 이미 알고 있는 것을 기억해 내고, 이를 토대로 학생이 가장 흥미 있는 것을 골라 써야 할 제목이나 소재, 제재, 아이디어의 내용으로 사용한다. 연상하는 방법은 다음과 같다.

- 내가 아는 것 중에 가장 행복했던 경험
- 내가 아는 것 중에 가장 재미있던 경험
- 내가 아는 것 중에 가장 기억에 남는 경험
- 내가 아는 것 중에 가장 슬펐던 경험
- 내가 아는 것 중에 가장 아팠던 경험
- 내가 아는 것 중에 가장 놀랐던 경험
- 내가 아는 것 중에 가장 감동적인 경험
- 내가 아는 것 중에 가장 놀라운 경험

2) 예측하기

예측하기는 하나의 주제를 가지고 미래에 일어날 일이나 전개 방향에 대해서 생각해 보는 것이다. 예측하기는 창의적 사고에 대한 능동적인 자세와 동기 유발을 일으키는 데 도움이 된다. 또한 생각해 낸 정보를 형식에 따라 과학적으로 정리 또는 체계화시키는 스키마를 활성화하는 데 매우 효과적인 과정이다. 창의적 사고 전에 정한 제목이나 소재를 놓고 몇 부분으로 나누어 예측을 진행하면서 수정하고 보완하는 과정을 거친다. 그리고 읽는 과정에서도 끊임없이 예상하기가 진행된다. 예상한 근거를 생각하며 읽고, 읽은 후에는 처음에 예상한 것과 실제 이야기에서 일어난 것을 서로 비교해 본다. 예측하는 방법은 다음과 같다.

- 이렇게 된다면 어떻게 될까?
- 반대로 생각해 보면 어떤 결과가 나올까?
- 만약에 좀 다르게 생각하면 어떻게 될까?
- 지난번의 것과 관련시켜 해결책을 찾으면 어떨까?

- 조금만 변경해서 만들면 어떻게 될까?
- 다른 방법은 없을까?

3) 질문하기

질문하기는 학생들의 발산적 사고를 자극할 수 있는 창의적 질문을 말한다. 적절한 질문을 함으로써 관련 배경지식을 활성화하도록 해 준다. 질문은 교사가 학생에게 할 수 있지만, 학생 스스로가 하도록 유도해도 좋다. 질문은 아이디어와 관련한 것이 좋다. 창의적 질문이 되기 위해서는 더 나은 이해와 더 나은 아이디어를 찾기 위한 목적으로 이루어져야 하며, 다양한 형태의 구체적인 질문이어야 한다. 질문하는 방법은 다음과 같다.

- 왜 그렇게 생각했을까?
- 좀 더 자세히 생각해 볼까?
- 어떻게 그런 생각을 하게 되었을까?
- 다른 방법은 없을까?
- 비슷한 것은 무엇이고, 다른 것은 무엇일까?
- 잘못 생각하고 있는 것은 없을까?
- 빠진 것은 없을까?
- 넘치는 것은 무엇일까?
- 다른 사람들은 어떻게 생각할까?

3 아이디어 생성하기

아이디어는 어떤 일에 대한 구상, 고안, 생각, 착상 등을 말한다. 아이디어를 생성하는 것은 스스로 생각을 키우는 정신 활동이다. 아이디어를 통해 학생은 스스로 문제를 제기하고 답을 찾기도 하며 사물에 대해 나름의 정의를 내리기도 한다. 아이디어가 풍부하고 창의적인 학생은 두려움보다는 적극성과 자신감을 갖고 있다. 해야 할 일이 생겼을 때, 여러 가지 방법으로 해 보면 되겠지 하고 시도해 보기 때문이다. 무엇보다 창의적 사고에서 아이디어가 없다면 창의적 사고가 아무리 뛰어나다고 하더라도 생동감을 잃은 지루한 아이디어가 될 것이다.

아이디어를 생성하는 능력은 미래의 인재에게 반드시 필요한 능력이다. 앞으로의 미래 사회는 기발한 사람만이 성공할 수 있기 때문이다. 따라서 학생이 사물에 대해 관심을 갖고 즐겁게 상상할 수 있도록 지속적으로 호기심을 자극하여 창의적 사고에 기본이 되는 영감을 얻을 수 있도록 해야 한다.

아이디어 생성하기는 하루 이틀 노력한다고 하여 키워지는 것이 아니며, 오랜 시간 생활 속에서 길러진다. 아이디어 생성하기는 브레인스토밍과 자료 및 정보 활용으로 할 수 있다.

1) 브레인스토밍

브레인스토밍은 자신의 의견을 마음대로 발표하여 의견과 자료를 모으는 것을 말한다. 브레인스토밍은 창의적 사고에서 생각거리를 찾을 때 흔히 이용하는 방법이다.

브레인스토밍이 효과적으로 이루어지기 위해서는 나의 주장이 받아들여질까 하는 두려움 없이 생각나는 대로 의견을 마구 쏟아내야 한다. 말도 안 되는 엉뚱한 주장부터 비논리적이고 비효율적인 의견, 설사 관련 없는 내용일지라도 발표하는 것이 중요하다. 가능한 쏟아낼 수 있는 모든 의견과 자료를 모아 본다.

브레인스토밍을 통해 생각거리(정보)가 모이면, 생각거리 하나하나를 검토하여 주제와 너무 동떨어져 있는 내용은 지우고 비슷한 성격의 생각거리끼리 분류하여 정리한다. 분류하는 방법은 가장 먼저 나온 생각거리에 항목을 붙이는 것이다. 그리고 그다음 생각거리를 보고 그 생각거리가 처음 나온 생각거리와 성격이 다르면 또 다른 항목을 붙인다. 이렇게 마지막 생각거리까지 항목을 붙이다 보면 처음에는 연결고리가 없던 단어와 생각이 모여 정리되어 창의적 사고 방향을 제시해 준다.

2) 자료 및 정보 활용

새로운 아이디어를 창출하기 위해서는 풍부한 배경지식과 경험이 필요하다. 그러나 배경지식과 경험 없이도 새로운 아이디어를 만들어 내려면 아이디어와 관련한 다양한 자료와 정보가 필요하다. 이러한 자료와 정보를 바탕으로 선별하거나 필요한 것으로 만드는 것도 창의력을 높이는 방법이다. 자료와 정보 활용법은 다음과 같다.

- 사전 활용

'사전으로 찾기'는 원하는 정보를 얻기 위한 가장 보편화된 수단인데, 대표적으로 국어사전과 백과사전이 있다. 특히 국어사전은 우리 사고를 익힘에 있어 가장 기본이 되는 자료로, 최근 넘쳐나는 학습 자료와 인터넷의 발달로 소홀해지고 있지만 한 단어의 정확한 뜻을 체계적으로 익힐 수 있기 때문에 그 중요도가 매우 높다.

- 신문, 잡지 활용

정보를 수집하기 위해 신문이나 잡지를 미리 스크랩해 두는 것이 좋다. 주제별 · 날짜별로 정리해 두면 나중에 창의적 사고 작업을 할 때 귀중한 자료가 된다.

- 인터넷 활용

인터넷은 현장을 직접 찾아가거나 도서관을 직접 찾아다니는 수고를 덜고 원하는 자료를 검색해서 자료를 수집할 수 있도록 해 준다. 그러나 인터넷에는 무한한 자료가 있기 때문에 인터넷에서 구한 자료에 대해서 정확한 자료인지 부정확한 정보인지를 선별하는 판단 능력이 있어야 한다.

3) 이야기 만들기 활용

문제를 해결하기 위해 주어진 여러 개의 정보나 단서를 활용하여 억지로 조합하거나, 자연스럽게 연결하거나, 변형하여 문제를 해결할 수 있는 이야기를 만들어 본다.

4) 마인드맵 활용

마음속에 지도를 그리듯 줄거리를 이해하며 정리하는 방법이다. 1971년 영국의 토니 부잔이 창안하고 세계적인 석학의 과학적인 검증 과정을 거친 마인드맵은 두뇌 활용을 극대화하는 사고 및 학습 방법으로 자리를 잡았다.

마인드맵은 이미지와 핵심어, 색과 부호를 사용하여 좌 · 우뇌의 기능을 유기적으로 연결함으로써 두뇌의 기능을 최대한 발휘할 수 있는 사고력 중심의 두뇌를 계발할 수 있다. 마인드맵은 주제를 정하고 키워드를 적은 다음, 식물이 줄기에서 가지로 뻗어나가듯 사고의 가지를 만들고 마디마다 연상되는 단어를 연결하여 머릿속의 생각을 정리하는 방법이다. 단어를 연결하여 좋은 생각거리를 찾을 수도 있고, 말하고자 하는 주제를 찾을 수도 있으며 어떠한 방식(비교나 대조, 예화, 개념 분석, 비판이나 논박)으로 아이디어를 생성해야 할지 결정할 수 있다.

5) 비교 및 대조 활용

새로운 아이디어를 생성할 때 좋은 방법 중에 하나가 비교하거나 대조하는 것이다. 비교나 대조는 보통 구별이 어려운 두 사물이나 비슷한 것을 설명할 때 주로 활용하는 방법이다. 기존에 있던 것을 비교나 대조하면서 새로운 생각을 만들어 가는 것은 아이디어를 생성하는 데 도움이 된다.

예: 개와 늑대는 비슷하게 생겼지만 개는 집에서 키우며, 늑대는 야생에서 자란다. 그리고 개는 사람 말을 잘 듣지만, 늑대는 전혀 듣지 않는다.

6) 비유 활용

비유는 어떤 대상을 곧바로 말하지 않고 에둘러 말하는 것으로, 무엇을 표현할 때 무엇에 빗대어 말하는 것이다. 예를 들면, 단풍잎을 아기 손바닥에 빗대어 말하기도 하고, 내 마음을 호수로 빗대어 말하기도 한다.

비유에는 여러 가지 표현법이 있다. 대상을 다른 사물에 직접 빗대어 표현하는 직유법, 비유의 형식을 취하지 않으면서 비유의 뜻을 나타내는 은유법, 어떤 사물을 대신하여 표현하는 대유법, 생명이 없는 것을 생명이 있는 것처럼 나타내는 활유법 등이 있다.

비유의 종류

종류	내용
직유법	비슷한 사물이나 인상을 직접 빗대어 나타낸다. 예 ~처럼, ~듯이, ~ 마냥 , ~ 같이 –로봇을 사람처럼 만들 수는 없을까?
은유법	비유의 형식을 취하지 않으면서 비유의 뜻을 나타낸다. 'A는 B다'의 형식으로 주로 시에서 많이 활용한다. 예 내 마음은 호수요, 나는 어린 사슴 –나는 우주를 나는 기러기
대유법	어떤 사물을 다른 사물로 대신해서 나타낸다. 예 우리 민족을 '흰옷을 입는 민족'이라 하여 '백의 민족'으로, 간호사를 '백의(白衣)의 천사'로, 태어나서 죽을 때까지를 '요람에서 무덤까지'로 표현한다.
활유법	생명이 없는 것을 생명이 있는 것처럼 나타낸다. 예 울부짖는 성난 바다, 나를 에워싸는 산 –초인종이 울지 않게 할 수는 없을까?
의인법	사람이 아닌 것을 사람이 행동하는 것처럼 표현한다. 예 미소 짓는 채송화, 풀 아래 웃음 짓는 샘물, 봄의 율동 –자동차는 사람이 다가오면 웃는다.

4 아이디어 완성하기

좋은 아이디어를 가지고 있더라도 제대로 표현하지 못한다면 무용지물이다. 과거 전통사회는 절제와 겸손을 미덕으로 여겨 개인적 감정을 표현하는 것을 숨겨 왔다. 하지만 현대사회에서는 개인적 욕구가 상품이 되면서 누가 감정을 얼마나 더 잘 표현하는지에 따라 성공 여부가 결정된다. 이제는 개인적 욕구를 가장 잘 해소해 줄 수 있는 상품이 히트를 치고 그러한 광고가 대박을 터뜨린다.

생각과 정보를 모아 생각거리를 찾고 주제를 정하는 훈련을 해 본다. 이렇게 모은 풍부한 이야깃거리는 아이디어를 완성하는 데 가장 중요한 원천이 된다. 그러나 아이디어를 완성할 때 그저 풍부한 이야깃거리를 두서없이 쏟아내면 공연히 에너지만 낭비하고 원하는 성과는 얻지 못할 것이다. 따라서 창의적 사고에서 아이디어를 어떤 방식으로 구성하고, 모은 정보를 어떤 방법으로 배치하고 어떤 순서로 나열할 것인가에 따라 아이디어는 하나의 유기체로서 생명을 가질 수도 있고, 그저 의미 없는 단어 나열에 불과할 수도 있다.

아이디어는 각각의 이야기들이 논리적 흐름에 따라 진개되어 마치 톱니바퀴가 굴러가듯 서로 맞물려 있어야 한다. 아이디어가 하나의 주제로 통일성 있게 물 흐르듯 자연스럽게 이어져야 사고의 의미를 되새기며 편안하게 읽을 수 있다.

표현하기를 잘 하려면 다음 사항을 고려해야 한다.

1) 아이디어의 짜임을 결정한다

아이디어의 짜임을 결정한다는 것은 아이디어를 어떤 방식으로 전개할 것인가 방향을 설정하는 것으로, 목적지로 가는 방법을 말한다. 아이디어를 어떤 형태로 완성할 것인가를 고민하는 아이디어 구성법이라고 할 수 있다.

2) 소주제를 배열한다

아이디어를 완성할 때는 여러 아이디어를 어떻게 배열할 것인가를 결정해야 한다. 따라서 아이디어마다 소주제를 하나씩 정해 나열하는 것이 좋다. 어떤 대상을 분류하여 설명하거나 시간의 흐름에 따라 이야기를 이어갈 때 주로 사용하는 방식으로, 소주제를 어떤 순서로 배열하는지에 따라 아이디어는 점차 깊이가 있고 흥미로워진다. 보통 아이디어는 쉬운 소주제에서 복잡한 소주제로 넘어가는 것이 좋다.

예: 하루의 일과를 적는다면
오전에는 등교 준비를 하였다.
점심에는 고등어 구이를 먹고 친구들과
저녁에는 학원 가서 수학 공부를 하고

3) 토론 과정을 거친다

아이디어를 완성할 때 가장 좋은 방법은 자신이 생각해 낸 아이디어에 대해서 관련 사람들과 토론 과정을 거치는 것이다. 아무리 좋은 아이디어라도 자신에게만 좋은 아이디어는 의미가 없고 다른 사람들에도 유익한 아이디어가 되어야 한다. 따라서 생각해 낸 아이디어를 가지고 토론하다 보면 장점과 단점, 문제점과 개선점에 대한 조언을 들을 수 있다. 조언을 바탕으로 아이디어를 수정하면 타당성이나 설득력이 높은 아이디어가 된다.

예: 요즘 학생들은 친구 관계에 서툰 편이다. 그것은 핵가족 사회가 되어 자녀를 하나둘만 낳아 길렀기 때문이다.

4) 용어나 개념을 설명해 준다

아이디어를 완성할 때는 새로운 용어나 개념을 사용한다. 새로운 용어나 개념을 처음 사용하면 상대방이 혼란스러워할 수 있으므로 새롭게 사용하는 용어나 개념은 정확하게 설명해 주는 것이 좋다.

예: 희망은 우리가 그토록 원하는 것이 이루어지기를 바라는 것을 말한다. 그래서 우리는 희망이 있으면 행복해진다.

5 아이디어 평가하기

창의적 사고는 지금까지 만든 아이디어를 완벽하게 만드는 과정을 말한다.

1) 규정에 맞게 아이디어를 수정한다

- 규칙을 지킨다

아이디어를 만들 때 미리 지정해 준 형태, 모양, 크기 등이 있다면 반드시 규칙을 지켜야 한다. 아무리 아이디어가 논리정연하다 해도 아이디어가 정해진 규칙을 지키지 않는다면 의미가 없어진다.

- 객관적이고 정확하게 작성한다

아이디어를 작성할 때는 '~이다' '~한다' 등의 어투를 사용하여 객관적이고 정확한 느낌을 주어야 한다. '~인 것 같다' '~일지도 모른다' 등의 모호한 어투나 자신감 없는 어투는 사용하지 않는다.

- 인용할 때는 출처를 밝힌다

짧은 문장을 그대로 인용할 때에는 사고 속에서 따옴표로 인용하고, 긴 문장을 인용할 때는 본문과 분리하여 별도의 문단으로 제시하는 것이 좋다. 아이디어를 인용할 때는 반드시 어디서 구하였는지 출처를 명확히 밝혀야 한다.

2) 아이디어를 평가할 때 고려할 사항

- 적절성: 제목의 적절성, 주제의 일관성, 아이디어의 구성
- 수준: 아이디어가 요구자의 수준에 맞는가?
- 논리성: 아이디어가 논리적으로 연결되어 있는가?
- 통일성: 모든 아이디어는 한 가지 주제로 말하고 있는가?
- 정확성: 아이디어가 문제 해결에 정확한가?
- 객관성: 사실과 증거 등 객관적인 자료를 통해 자신의 주장을 뒷받침하고 있는가?
- 구체성: 자료 및 내용 등이 구체적으로 제시되었는가?
- 적합성: 규정대로 하였는가?
- 명료성: 구체적이고 명료한가?

6 아이디어 발표하기

아이디어를 완벽하게 하였다면 발표를 해야 한다. 발표가 성적에 반영되기 때문에 아이디어를 잘 만드는 것만큼이나 발표 또한 중요하다. 아무리 뛰어난 아이디어라도 발표를 잘하지 못하면 제대로 전달이 되지 못할뿐더러, 좋은 결과를 낼 수 없다. 따라서 좋은 결과를 얻기 위해서는 발표를 잘해야 한다. 그러나 우리나라 사람들은 발표하는 문화가 보편화되어 있지 않기 때문에 발표를 앞두게 되면 발표 경험이 없는 사람들은 보편적으로 심한 스트레스를 받는다. 실제로 통계자료를 보면 우리나라 직장인 10명 가운데 9명은 업무와 관련한 각종 발표 때문에 심한 스트레스와 심적 부담을 느낀다고 한다.

누구든지 처음 발표를 하게 되면 여러 사람 앞에 선다는 생각만으로도 긴장하고, 실제로 남 앞에 서서 덜덜 떠는 경우가 많다. 그러다 보니 몸이 떨리니 목소리까지 떨리고 결국 혀가 뒤엉켜서 말까지 더듬게 된다. 그렇게 되면 아무리 많은 것을 안다 해도 제대로 전달하기는커녕 말 한마디 제대로 하지 못하고 자리로 들어오는 경우가 있다. 다음의 방법으로 지도하면 효과적으로 발표할 수 있다.

1) 자신감 있게 발표하는 방법

- 긍정적인 암시로 자신감을 갖는다

발표하기 전에 "나는 잘할 수 있다." "나는 자신 있게 발표할 수 있다."와 같이 긍정적인 암시로 자신감을 갖도록 한다. 그리고 발표장에 들어가기 전에 크게 심호흡을 하고 배에 힘을 주면 긴장이 한결 사라진다.

- 발표 순서를 적어 둔다

발표 주제와 순서를 칠판 한구석이나 메모지에 적어 두고 언제나 볼 수 있도록 하면 발표 순서가 일정하게 진행될 수 있으므로 오로지 발표에만 신경 쓸 수 있게 된다. 또한 당황해서 발표 내용을 잊어버려도 발표 순서를 보면 다시 기억할 수 있으므로 최악의 상황에서 의지가 된다. 발표 순서를 적어 두는 것만으로는 순조로운 발표를 진행하기가 어려우면 교재를 펴 놓고 잠시 보면서 발표하는 것도 자신감을 갖게 해 주는 요인이 될 수 있다. 비록 매끄러운 발표는 아니지만 발표를 다시 차분히 시작할 수 있다.

- 잘하려는 욕심을 버린다

발표에 대한 두려움을 갖거나 떨리는 이유는 남보다 잘해야 한다는 부담감 때문이다. 따라서 잘하려는 욕심만 버리면 아무 문제가 되지 않는다. 잘해야겠다는 생각보다는 최선을 다하겠다는 생각으로 발표한다.

- 실전처럼 연습한다

완벽한 준비 후에는 연습을 실전처럼 해야 한다. 특히 '발표 공포증'을 많이 느낄수록 연습을 마치 청중 앞에서 하듯 소리 내어 해 보아야 한다. 가장 좋은 방법은 청중 앞에서 미리 연습하는 것이지만 그렇게 하기는 현실적으로 어렵기 때문에 거울을 앞에 놓고 자신의 모습을 보면서 실제로 발표하는 것처럼 하면서 잘못되거나 어색한 부분을 수정해 나간다. 전체를 연습하는 것이 바람직하지만, 적어도 첫 10분 정도에 해당하는 발표를 연극 대본을 외우듯 연습한다. 발표 시작이 바라던 만큼 매끈하게 진행되면 '발표 공포증'이 슬며시 사라지는 것을 알 수 있다.

- 철저히 준비한다

입으로만 발표하려면 모든 것을 외워서 내 것으로 만들어야 한다. 발표를 잘하려면 발표 내용을 완벽하게 숙지하는 것도 중요하지만 발표 방법도 좋아야 한다. 따라서 최대한 발표 내용을 숙지하고 실전처럼 발표하는 연습을 하면서 철저히 준비한다.

2) 발표 도중 말문이 막히는 경우 응급조치 요령

발표 도중 말문이 막히는 경우가 종종 있다. 이때는 잠시 동안 아무것도 기억할 수 없고, 당황하여 발표를 망치게 된다. 그러나 발표자는 침착해야 한다. 말문이 막힐 때는 다음과 같이 위기를 모면할 수 있다.

- 발표 내용을 생각하는 동안 지금까지의 발표 내용을 다시 한 번 요약해 준다.

- 창문을 열게 한다든가, 잠깐 동안 기지개를 켤 수 있게 만들어 준다.
- 청중이 메모할 수 있도록 1～2분가량 시간을 준다.
- 발표와 관련한 내용에 대하여 질문한다.
- 아무 내색도 하지 않고 다음 항목으로 넘어간다.
- 가장 쉽게 할 수 있는 자신의 체험을 자연스럽게 이야기하면서 주제를 다시 떠올린다.
- 그래도 생각이 나지 않으면 청중에게 솔직하게 사과한다.

활동 28 나의 제목 설정 능력은?

보기의 글을 읽고 제목을 설정해 보는 활동이다. 제목을 설정하면서 학생들이 창의력을 기르도록 지도한다.

다음에 제시된 보기를 보고 제목을 설정해 봅시다.

보기	제목
우리 가족은 한여름 날 해운대에 놀러 갔다. 그런데 사람들이 너무 많아서 힘들었다. 그렇지만 해운대의 밤경치는 너무 아름다웠다. 해운대의 경치는 그림으로 꼭 그려 보고 싶다.	해운대의 경치
엄마와 동물원에 갔다. 사자도, 코끼리도, 얼룩말도, 하마도, 호랑이도 있었다. 동물원은 정말 재미있는 곳이다. 다음에 동생이 크면 동물원에 데리고 와서 즐겁게 해 줘야지.	동물원
1912년 4월 12일 밤, 대양을 정기 운행하는 타이타닉호가 빙산과 충돌해서 침몰하였다. 그래서 수많은 사람이 목숨을 잃었다.	타이타닉호 침몰
벤저민 프랭클린은 원하는 것은 무엇이든지 자신의 노력에 의하여 이룰 수 있다고 생각한 사람이다. 남들은 한 가지 분야에서 성공하기도 힘들지만 벤저민 프랭클린은 평생을 살면서 인쇄공, 주간지 발행인, 의용병 대장, 시의원, 작가, 정치가, 애국자, 저명한 과학자로 미국 역사 발전에 지대한 공헌을 하였다.	벤저민 프랭클린의 업적
우리는 세계 어느 나라에서든 패스트푸드 체인점인 KFC에 기분 좋게 서 있는 한 노년의 신사를 만날 수 있다. 그는 다름 아닌 KFC의 창업자 홀랜드 샌더스다. 그는 어린 시절부터 어려운 삶을 살았지만 좌절하지 않고 비전을 세워 66세의 나이에 성공하였다.	KFC의 창업자 홀랜드 샌더스

활동 29 제목 만들기

제시된 글자를 가지고 제목을 만드는 활동이다. 이 활동을 통해 위, 아래, 대각선으로 글자를 조합하면서 제목을 정하는 창의적 능력을 향상시키도록 지도한다.

글자 카드를 보고 위, 아래, 대각선으로 조합하여 세 글자로 된 낱말을 찾아 적어 봅시다.

처	진	지	민	자	도	로	운	택	은	연
황	과	물	고	기	해	소	유	윤	희	고
촬	영	안	내	화	제	일	연	속	극	우
구	쿠	라	방	탕	한	국	면	류	리	모
조	기	구	이	밝	다	리	피	커	키	스
불	행	함	태	망	치	굴	러	시	서	삼
지	만	다	만	미	생	물	도	감	알	맹
복	지	관	새	마	을	정	화	수	업	차
치	열	기	구	타	기	이	해	물	어	기

1 세 글자로 된 낱말을 만들어 봅시다.

새	마	을

연	속	극

물	고	기

방	탕	한

불	행	함

미	생	물

수	업	차

복	지	관

열	기	구

2 네 글자로 된 낱말을 만들어 봅시다.

새	옹	지	마

촬	영	안	내

조	기	구	이

민	자	도	로

생	물	도	감

마	을	정	화

기	구	타	기

한	국	면	류

활동 30 과제에 따른 나의 주제 설정 능력은?

제시된 과제에 대해 과제 해결을 하기 위해 주제를 설정하여 적는 연습을 하는 활동이다. 이 질문을 통해 주제를 설정하는 능력을 향상시키도록 지도한다.

제시된 질문을 보고 주제를 설정해 봅시다.

질문	주제 설정하기
사람이 영원히 살려면?	사람이 영원히 사는 방법
씨 없는 호박을 만들 수 있을까?	씨 없는 호박 만들기
사람들이 싸우지 않게 하려면?	싸우지 않는 사람들
아이들이 TV 시청을 안 하게 하려면?	아이들에게 TV가 미치는 영향
승용차의 문이 자동으로 열리게 하려면?	승용차의 문이 자동으로 열리게 하는 방법
스마트폰으로 새롭게 할 수 있는 것은?	스마트폰 활용하기
교과서를 전자책으로 활용하는 방법은?	전자책으로 보는 교과서
동물들이 병에 안 걸리게 하려면?	동물을 병으로부터 보호하는 방법
KTX의 속도를 더 빠르게 하는 방법은?	KTX의 속도를 빠르게 하는 방법
우산을 안 쓰고도 비를 맞지 않는 방법은?	우산 없이 비 안 맞는 방법
시험을 잘 보기 위해서는 어떻게 공부를 해야 할까?	시험을 잘 보기 위한 공부 전략
엘리베이터보다 새로운 것을 만든다면?	엘리베이터의 발전
잠수함을 비행기처럼 날게 하려면?	잠수함을 비행기처럼 날게 하는 방법
이어폰을 끼지 않고 소리를 듣는 방법은?	이어폰 없이 소리를 듣는 방법
우리나라 인구를 증가시키려면?	우리나라의 인구 증가를 위한 대책

활동 31 나의 소재 설정 능력은?

제시된 질문에 대해서 과제 해결을 하기 위해 소재를 설정하는 연습을 하는 활동이다. 이 질문을 통해 학생들이 소재를 설정하는 능력을 향상시키도록 지도한다.

제시된 질문을 보고 소재를 설정해 봅시다.

질문	소재 설정하기
사람이 영원히 살려면?	사람, 삶
씨 없는 호박을 만들 수 있을까?	호박, 차별화
사람들이 싸우지 않게 하려면?	소통, 대인관계
아이들이 TV 시청을 안 하게 하려면?	TV, 아이들의 문화
승용차의 문이 자동으로 열리게 하려면?	자동문, 자동차
스마트폰으로 새롭게 할 수 있는 것은?	스마트폰
교과서를 전자책으로 활용하는 방법은?	전자책, 교과서
동물들이 병에 안 걸리게 하려면?	동물, 예방법
KTX의 속도를 더 빠르게 하는 방법은?	KTX, 속도
우산을 안 쓰고도 비를 맞지 않는 방법은?	비, 아이디어
시험을 잘 보기 위해서는 어떻게 공부를 해야 할까?	시험, 공부전략
엘리베이터보다 새로운 것을 만든다면?	엘리베이터
잠수함을 비행기처럼 날게 하려면?	잠수함, 날개
이어폰을 끼지 않고 소리를 듣는 방법은?	이어폰, 소리
우리나라 인구를 증가시키려면?	인구, 대책

활동 32 나의 주제 설정 능력은?

제시된 글을 읽고 주제를 설정하는 활동이다. 이 활동을 통해 주제를 설정하는 능력을 향상시키도록 지도한다.

제시된 글을 읽고 주제를 설정해 봅시다.

글	주제 설정하기
나는 이번 여행이 즐겁지 않았다. 이유는 배를 타고 여행을 가서 멀미를 하였기 때문이다.	나는 여행 가서 아팠다.
우물 안에서 태어나 자란 개구리는 우물 속에 갇혀 있으면 세상이 무서워서, 그곳에서 빠져나오고자 노력하지 않는다.	개구리는 세상을 무서워한다.
사람의 마음에는 두 마리의 늑대가 있단다. 하나는 좋은 생각을 하고 행동을 하게 하는 늑대이고, 하나는 나쁜 생각을 하고 행동을 하게 하는 늑대란다.	사람의 마음에는 좋은 생각도 있고 나쁜 생각도 있다.
철수는 학교에서 착한 일을 많이 해서 가장 좋은 상을 탔다. 그래서 선생님에게 칭찬을 받았다.	철수는 착하다.
저는 지금 사막을 탐험하고 있습니다. 이 길을 걷는 사람들에게 지도를 만들어 주려고요.	지도를 만들기 위해 사막을 탐험한다.
공부는 어렵다고 생각하고 있었지만 그래도 공부가 해 본 일 중에서는 성공하기에 가장 쉬운 것이었다.	공부가 가장 쉬운 것이다.
공부하지 않으면 어려운 생활을 하며 지독하게 가난하게 살 수밖에 없다는 생각에 대학 진학을 결심하게 되었다.	잘살기 위해 대학을 갔다.

활동 33 내가 아는 것 중에

이 활동은 배경지식을 활성화하기 위한 방안으로, 과제에 대하여 쓰고 그 이유를 설명하는 활동이다. 이 질문을 통해 학생들이 예측하는 능력을 향상시키도록 지도한다.

제시된 경험에 대하여 적고, 그 이유를 설명해 봅시다.

경험	내용	이유
가장 행복했던 경험	가족과 여행	참 즐거웠다
가장 재미있었던 경험	낚시	아빠와 시간을 오래 보내서
가장 기억에 남는 경험	해병대 캠프	너무 힘들었다
가장 슬펐던 경험	할아버지 입원	할아버지가 편찮으셔서
가장 아팠던 경험	축구하다가 인대가 늘어났다	깁스를 했던 기억
가장 놀랐던 경험	가짜 뱀	진짜인 줄 알고
가장 감동적인 경험	영화를 보고	주인공의 성공
가장 놀라운 경험	강아지가 새끼 낳는 것을 보았다	처음 보는 것이라서

활동 34 나의 연상 능력은?

이 활동은 배경지식을 활성화하기 위한 방안으로, 단어에 대해 연상되는 것을 쓰고 그 이유를 설명하는 활동이다. 이 단어를 통해 연상 능력을 향상시키도록 지도한다.

제시된 단어에 대하여 연상되는 것을 적고, 그 이유를 설명해 봅시다.

단어	연상하기	이유
수박	씨 없는 수박	특이하니까
구글	세계 최고	구글이 세계 최고 검색 도구이므로
노트북	아이패드	아이패드가 노트북을 대체할 것이니까
간호사	로봇 간호사	앞으로 로봇이 노동을 대체할 것이므로
자동차	전기자동차	전기자동차가 대세이기 때문에
아파트	성냥갑	아파트가 성냥갑처럼 보여서
공원	테마파크	공원에 놀이동산이 많이 생겨서
채소	채소 공장	앞으로 채소도 공장에서 재배할 때가 오기 때문에
마우스	터치	마우스가 사라지고 터치로 바뀌기 때문에
국회	민주주의 요람	모든 법이 만들어지므로
은행	돈 저장고	저축하면 돈이 모여 있는 곳이기 때문에
비행기	스텔스	앞으로 레이더에 잡히지 않는 비행기가 더욱 많아질 전망이므로
섬	별장	섬에 별장을 짓고 싶어서

활동 35 나의 예측 능력은?

이 활동은 배경지식을 활성화하기 위한 방법으로, 과제처럼 된다면 어떨까를 예측해 보는 활동이다. 이를 통해 예측하는 능력을 향상시키도록 지도한다.

제시된 과제대로 된다면 어떻게 될까 예측해 봅시다.

과제	이렇게 된다면 어떻게 될까?	해결 방법
다문화 가정의 증가	여러 민족이 같이 살게 된다.	내국인끼리 결혼시킨다
노인 수명의 증가	사회가 늙어 간다.	늙어서도 일을 한다.
고학력 시대	평생 배워야 한다.	전문가만 공부하게 한다.
스트레스 증가	사람들이 병에 많이 걸린다.	행복한 사회를 만든다.
실업자 증가	사회를 원망하는 사람이 증가한다.	일자리를 많이 만든다.
인스턴트 음식의 증가	살찌는 사람이 많아진다.	자연식을 먹는다.
아토피 환자의 증가	부모의 마음이 아프다.	아토피를 치료하는 약을 만든다.
음주운전의 증가	교통사고가 많이 발생한다.	단속을 철저히 한다.
핵폭탄 개발	세계 대전이 일어날 수 있다.	핵을 무기로 사용하지 못하도록 법을 정한다.
빈부격차의 발생	사회가 분리된다.	빈부격차를 줄이도록 한다.
게임 중독	현실과 게임을 구별하지 못하게 된다.	게임 중독을 치료한다.
환경오염	지구가 병든다.	오염방지법을 만든다.
기상이변	각종 자연 재해가 증가한다.	기상이변을 방지한다.
세상의 급변	적응을 힘들게 한다.	변화에 대해 적응훈련을 한다.
학교 등교 거부	사회적응을 못한다.	원인을 찾아 해결한다.

활동 36 아이디어 향상을 위한 질문

아이디어 향상을 위해 질문을 보고 답을 적는 활동이다. 이 질문을 통해 학생들이 아이디어를 향상시키도록 지도한다.

제시된 과제를 보고 꿈을 이루기 위해 어떻게 해야 할지 답을 적어 봅시다.

질문	내 꿈을 이루기 위해서는 어떻게 해야 할까?
해결 방법은?	공부를 잘해야 한다.
그렇게 생각한 이유?	공부가 성공을 보장하기 때문에
다른 방법은?	능력을 높여야 한다.
2가지 방법의 차이점은?	공부는 공부 한 가지지만 능력은 공부를 포함한다.
2가지 방법의 비슷한 점은?	공부나 능력은 노력해야 한다.
잘못 생각하고 있는 것은?	공부 안 해도 성공할 수 있다.
빠진 것은 없을까?	건강도 중요하다.
넘치는 것은 무엇일까?	시간은 많다.
다른 사람들은 어떻게 생각할까?	다른 사람 생각도 같다.

활동 37 브레인스토밍해 보기

아이디어를 생성하기 위한 방법으로 브레인스토밍을 연습하는 활동이다. 학생들이 이 질문을 통해 과제와 관련하여 생각나는 단어를 쓰고 그중에서 가장 마음에 드는 것을 선택한 후 그 이유를 적도록 지도한다.

제시된 과제와 관련하여 생각나는 단어를 쓰고, 그중에서 가장 마음에 드는 것을 선택한 후 그 이유를 적어 봅시다.

단어	생각나는 것	가장 마음에 드는 것	이유
사람	아기, 어른, 병, 사망, 사랑, 인간, 영장류	사랑	사람은 사랑할 때가 제일 좋으니까
호박	얼굴, 야채, 반찬, 시골, 전	전	제일 맛있다.
싸움	폭력, 깡패, 고래, 새우, 사랑	사랑	사랑싸움은 금방 화해하니까
TV	드라마, 만화, 전자파, 1박2일, 가수	가수	좋아하는 가수를 볼 수 있다.
승용차	시간, 속도, 기름, 사고, 음주운전	시간	빨리 갈 수 있다.
스마트폰	아이폰, 어플, 앱스토어, 갤럭시S	갤럭시S	엄마가 쓰는 폰이니까
교과서	책가방, 시험, 공부, 선생님, 시간표	책가방	그나마 부담이 제일 적다.
동물	강아지, 사료, 동물병원, 수의사, 미용	강아지	한 마리 키우고 싶다.
KTX	서울역, 승무원, 300km/h, 고속철	300km/h	속력이 빠르다.
우산	비, 장마, 비옷, 장화, 노랑색	노랑색	내가 좋아하는 색이다.
시험	공부, 기말고사, 컨닝, 방학, 벼락치기	방학	시험이 끝나면 방학이다.
엘리베이터	아파트, 버튼, 비상벨, 거울, 계단	거울	엘리베이터 안에서 거울 보는 게 좋다.
잠수함	물고기, 63빌딩, 물속, 연락두절	63빌딩	다시 가 보고 싶은 곳이다.
이어폰	음악, MP3, 통화, 지하철, 운동	음악	음악 듣기가 취미다.
컴퓨터	게임, 거실, 잔소리, 엄마, 메일	게임	원 없이 하고 싶다.

활동 38 재미있는 이야기 만들기

이 활동은 아이디어를 생성하기 위한 방안으로, 단어를 보고 이야기를 만들어 보는 활동이다. 주어진 단어를 가지고 이야기를 꾸미도록 지도한다.

제시된 단어를 보고 재미있는 이야기를 만들어 봅시다.

단어	이야기
사람, 호박, 이빨, 토끼	사람보다 토끼의 이빨이 호박을 더 잘 씹을 수 있다.
레몬, 의자, 커피, 거북이	의자에 앉자마자 레몬주스를 부탁하였는데 거북이처럼 느리게 갖다주더니 그나마 커피를 가져왔다.
음료수, 체조, 바다, 우주인	우주인은 바닷속에서 체조를 하며 음료수도 마실 수 있다고 한다.
여자, 전화, 하늘, 시계	여자는 하늘을 한 번 보고 시계를 한 번 보면서 전화를 기다리고 있었다.
승용차, 반지, 식용유, 경주	반지를 가지고 경주에 가기 위해서 승용차에 기름을 넣는다는 것이 실수로 식용유를 넣고 말았다.
스마트폰, 아기, 유모차, 무지개	유모차 안의 아기에게 스마트폰으로 찍은 무지개를 보여 주었다.
교과서, 껌, 사랑, 산	사랑하는 부모님과 산에서 내려와 교과서를 폈는데 껌이 붙어 있었다.
동물, 곰팡이, 비누, 거울	아끼는 동물에게서 곰팡이 냄새가 나서 비누로 깨끗하게 씻어 주고서 거울을 보여 주었다.
KTX, 자동차, 우유, 입술	자동차보다 빠른 KTX를 타고 가면서 우유를 마시다가 입술 사이로 흘렸다.
우산, 분무기, 이불, 연필	비 오는 날 우산을 쓰고 연필을 사러 갔다가 엄마 심부름으로 분무기까지 샀더니 너무 추워서 들어오자마자 이불 속으로 들어갔다.
시험, 신혼, 촉감, 한복	촉감이 좋은 원단을 재단해서 신혼부부가 입을 한복을 만드는 시험을 보았다.
엘리베이터, 풍선, 곰, 냉장고	엘리베이터 안에는 이삿짐인 냉장고가 있고, 곰인형과 풍선을 든 아이가 타고 있었다.
잠수함, 손님, 안경, 풀	잠수함을 타러 가는 길에 다른 손님과 부딪쳐서 안경이 풀밭으로 떨어졌다.

활동 39 마인드맵 그리기

이 활동은 아이디어를 생성하기 위한 방법으로, 마인드맵을 연습하는 활동이다. 이 질문을 통해 학생들이 마인드맵을 그려 보도록 지도한다.

조선 왕조의 업적에 대하여 마인드맵을 만들어 봅시다.

마인드맵 그리기

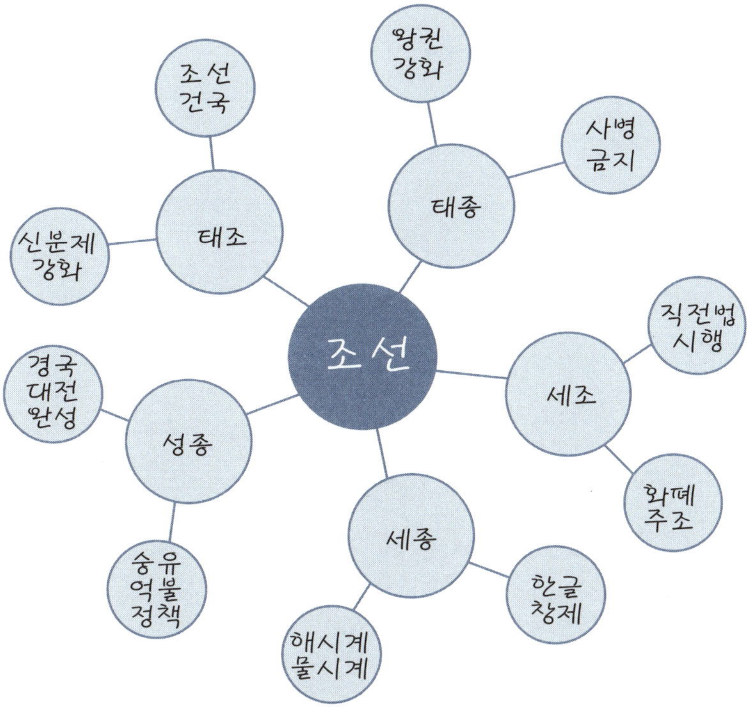

활동 40 비유적으로 표현해 보기

가로와 세로의 글을 엮어서 비유적으로 새로운 것을 만들어 보는 활동이다. 이 활동을 통해 창의력이 높아지도록 지도한다.

다음 문제는 가로와 세로의 글을 엮어서 비유적으로 새로운 것을 만들어 보는 것입니다. 우리는 어떤 대상을 비유적으로 표현하여 사용하는 경우가 있습니다. 예를 들어, 해를 꽃에 비유한다면 해바라기로 표현할 수 있습니다.

	꽃	동물	음식	옷	음악	자동차	장난감
해	해바라기	사자	부침개	모띠	태양	태양광 자동차	부메랑
바다	안개	하마	미역국	원피스	댄스	수륙양용 자동차	종이배
산	산꽃	호랑이	나물	등산복	은들송	오프로드 자동차	등산용품
학교	무궁화	토끼	급식	교복	교가	교내 전동차	블록쌓기
전자	전자꽃	동물로봇	전자떡	전자옷	전자음악	전기 자동차	로봇
야간	야화	부엉이	야식	잠옷	나이트 음악	전조등	전등

활동 41 비교해 보기

이 활동은 아이디어를 생성하기 위한 방법으로, 비교해 보는 활동이다. 이 문제를 가지고 대상과 대상을 비교하면서 학생들의 창의력이 향상되도록 지도한다.

다음 문제는 단어와 대상을 비교해 보는 것입니다. 이야기는 억지스럽지 않고 재미있게 만들어 봅시다.

단어	대상	비교
사람	동물	사람은 오래 사는데 동물들은 오래 살지 못한다.
기차	KTX	KTX는 빠른데 기차는 느리다.
엄마	아빠	엄마는 용돈을 주는데 아빠는 잘 안 준다.
일본	미국	미국은 좋은데 일본은 밉다.
국산차	외제차	국산차가 외제차보다 좋아진다.
남자	여자	남자는 여자보다 모험을 좋아한다.
인형	총	남자는 총을 좋아하고 여자는 인형을 좋아한다.
문어	오징어	오징어는 납작한데 문어는 동그랗다.
신문	책	신문은 매일 바뀌는데 책은 한 번 사면 오래간다.
소풍	수학여행	소풍은 가까운 데를 가는데 수학여행은 먼 곳으로 간다.
교육	학습	교육은 수동적이고 학습은 능동적이다.
엘리베이터	계단	계단을 올라가는 게 힘드니 엘리베이터를 타야 한다.
시골	도시	시골은 도시보다 공기가 맑다.
산	바다	바다는 조용하지만 산은 항상 시끄럽다
컴퓨터	주판	주판은 일일이 만져야 하지만 컴퓨터는 식을 입력하면 자동으로 계산한다.

제 6 장

창의력을 높이는 방법

<table>
<tr><th colspan="4">창의력을 높이는 방법</th></tr>
<tr><td colspan="2">세부 내용</td><td colspan="2">• 창의력을 높이는 방법 이해하기</td></tr>
<tr><td colspan="2">목표</td><td colspan="2">• 창의력을 높이는 방법을 알 수 있다.</td></tr>
<tr><th colspan="2">단계</th><th>교수 · 학습 활동</th><th>자료</th></tr>
<tr><td>1</td><td>도입단계</td><td>• 창의력을 높이는 방법을 위한 동기 유발
–창의력을 높이는 방법을 듣고 떠오르는 생각 말해 보기
–창의력을 높이는 방법 알아보기</td><td></td></tr>
<tr><td>2</td><td>전개단계</td><td>• 변경한다
• 변형한다
• 결합한다
• 제거한다
• 추가한다
• 적용한다
• 반대로 생각한다
• 과장해서 생각한다
• 없는 것을 만들어 본다</td><td>활동지</td></tr>
<tr><td>3</td><td>정리단계</td><td>• 학습 소감 발표
–앞으로 창의력을 높이는 방법에 대해 발표하기
–활용 계획 이야기하기</td><td></td></tr>
</table>

창의력을 높이는 방법으로는 경험이 가장 효과적이다. 발명이 이미 사용하고 있는 것을 변형하거나 발전시켜서 만든 것과 마찬가지로 창의력도 기존의 배경지식을 사용하는 것이 좋다. 다양한 경험을 바탕으로 자신이 가진 정보와 지식을 변형하는 데서 새로운 생각이 떠오르기 때문이다. 다양한 경험이 없다면 생각할 때 어떻게 하면 다르게 할 것인가를 계속 연습하면 새로운 생각을 할 수 있다. 새로운 생각을 하기 위해서는 기존의 것을 변경, 변형, 결합, 제거, 추가, 적용, 반대, 과장, 없는 것을 만들어서 생각해 본다.

1 변경한다

변경은 원래의 것을 다르게 바꾸어 새롭게 고쳐 다른 용도로 사용하는 것을 말한다. 예를 들어, 변경은 용도를 바꾸거나, 재료를 바꾸거나, 동력을 바꾸거나, 만드는 방법을 바꾸는 것을 말한다.

예: • 식빵을 구워서 도화지로 사용
• 핸드폰을 시계로 사용

2 변형한다

변형은 모양이나 크기, 색깔, 형태 등 외형적인 것을 바꿈으로써 새롭게 만들어 내는 것을 말한다. 예를 들어, '모양을 바꾸게 되면 어떻게 될까?' '색깔을 바꾸면?' '소리를 바꾸면?' '길이를 바꾸면?' '무게를 바꾸면?' '복잡한 것을 단순하게 하면 어떨까?' '특징 없는 것을 특징있게 하면 어떨까?'에 대한 것이다.

예:
- 탁상용 선풍기
- 소형 MP3
- 노트북, 넷북
- 전자 도어

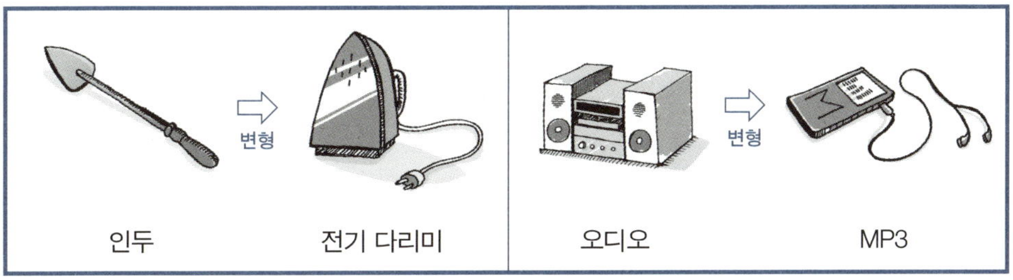

3 결합한다

결합은 2가지 이상의 기능이나 제품을 혼합해서 새로운 것을 만들어 내는 것이다. 예를 들어, '기존의 것에 새로운 것을 결합하면 어떤 것이 만들어질까?'에 관한 생각으로 완전히 새로운 제품을 만드는 것을 말한다.

예: • 선풍기+얼음=냉풍기
• 진공청소기+스팀=스팀청소기
• 감자+토마토=포마토
• 자동차+숙박기능=캠핑카

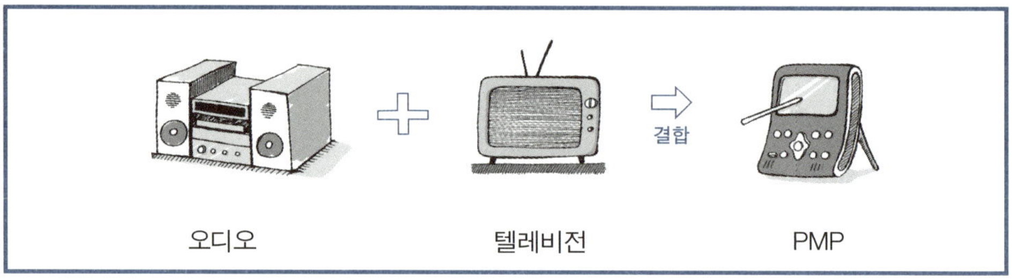

4 제거한다

제거는 원래 상태에서 기능이나 물건을 빼버리는 것을 말한다. 예를 들어, '기존의 것에서 무엇을 없애면 좋을까?' '기존의 것에서 없어도 되는 기능은 어떤 것인가?'를 따져 보는 것이다.

예: • 필름을 뺀 디지털카메라
• 전선을 제거한 무선 다리미
• 벽걸이형 얇은 TV

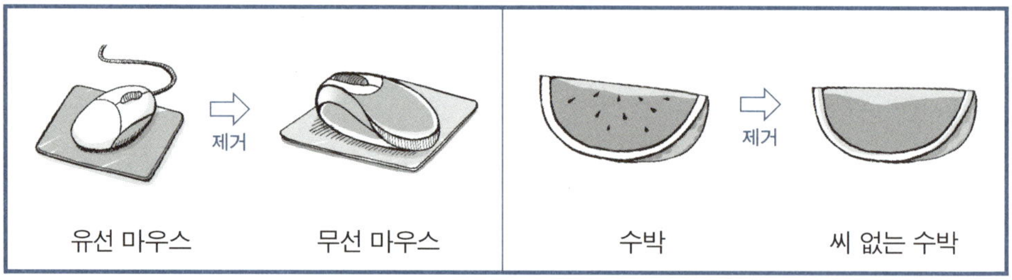

5 추가한다

추가는 원래 있는 것에 새로운 것을 넣는 것을 말한다. 예를 들어, '기존의 것에 새로운 것을 추가하면 어떻게 될까?'에 관한 생각으로 새로운 것이 아니라 기존의 것을 잘 결합하여 기능을 다양하게 만드는 것을 말한다. 좌우를 바꾸거나 아래 위의 순서나 방법을 바꾸는 방법이 있다.

예:
- 핸드폰에 디지털카메라 기능 추가
- 내비게이션에 DMB 추가
- 에어컨에 공기청정 기능 추가

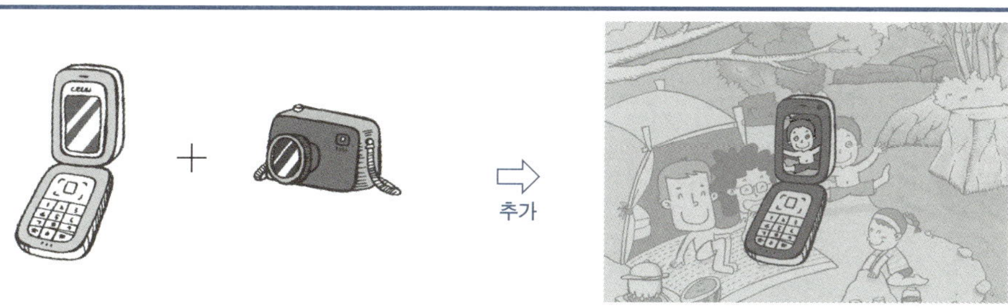

핸드폰 카메라 폰카

6 적용한다

적용은 다른 생각을 가져와 새롭게 만들거나 덧붙이는 것을 말한다. 예를 들어, '이 아이디어를 응용하면 어떻게 될까?'라는 생각으로 새로운 것을 만드는 것이다.

예:
- 새의 원리를 이용한 비행기
- 돋보기를 이용한 현미경
- 바람개비의 원리를 이용한 풍력발전기

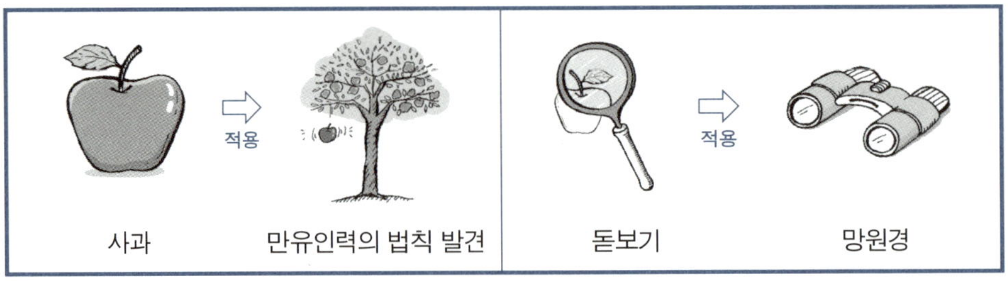

7 반대로 생각한다

기존의 것을 반대로 생각해서 새롭게 하는 것을 말한다. 예를 들어, '서 있는 것을 뒤집으면 어떻게 될까?' '서 있는 것을 눕히면 어떻게 될까?' '위치를 바꾸면 어떻게 될까?' '순서나 방법을 바꾸면 어떻게 될까?' 하는 식으로 거꾸로 생각해 보아 새롭게 만드는 것이다.

예:
- 게임기가 운동 게임기로
- 전륜구동 승용차를 후륜구동 승용차로
- 세로 전화기를 가로 전화기로

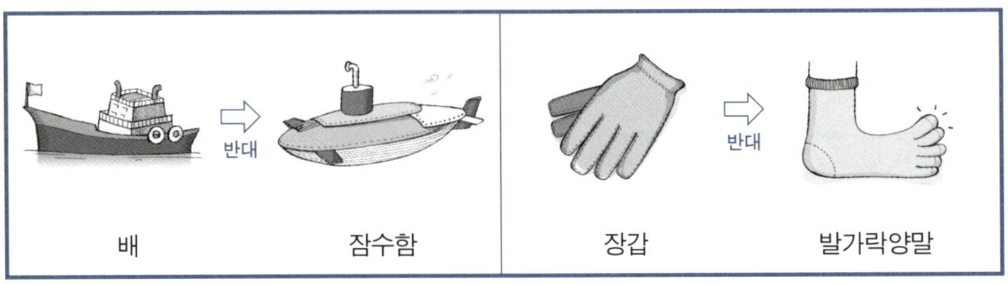

8 과장해서 생각한다

기존의 것을 과장해서 새롭게 하는 것을 말한다. 예를 들어, '현재 있는 것이 없다면 어떻게 될까?' '현재 없는 것이 있다면 어떻게 될까?' '기존의 것을 과장해서 바꾸면 어떻게 될까?' 하는 식으로 과장해서 생각해 보아 새롭게 만드는 것이다.

예: • 목소리를 확성기로 크게
• 이어폰을 전화기처럼 크게
• 로봇 발명

9 없는 것을 만들어 본다

창의력이란 없는 것을 만드는 데도 활용된다. 없는 것을 만드는 것은 기존에 존재하고 있는 사물이나 제도에 대해서 부족한 것이나, 필요한 것, 시간을 절약하는 것, 빠른 것, 시대의 변화에 의하여 생겨나야 하는 것을 만들어 보는 것이다. 있는 것을 새롭게 바꾸는 것도 경험을 배경으로 하는 것이 효과적이듯, 없는 것을 만들어 보는 것도 경험을 배경으로 하는 것이 효과적이다.

활동 42 변경을 통한 창의력 향상

이 활동은 기존의 것을 변경하여 창의력을 키우는 데 목적이 있다. 기존의 정보를 동원하여 유추할 수 있도록 질문을 던지거나 생각의 고리를 만들어 준다. 활동을 한 후 '왜 이런 생각을 했는가?'에 대해서 토론 시간을 가지면 학생들의 창의력이 더욱 향상된다.

기존의 것을 변경하여 새롭게 만들어 봅시다.

기존 사물	변경	기존 사물	변경
연필	샤프	책	전자책
컴퓨터	노트북	걸레	걸레신발
구두	부츠	책가방	캐리어책가방
청바지	청치마	빗자루	진공청소기

활동 43 변형을 통한 창의력 향상

이 활동은 기존의 것을 변형하여 창의력을 키우는 데 목적이 있다. 기존의 정보를 동원하여 유추할 수 있도록 질문을 던지거나 생각의 고리를 만들어 준다. 활동을 한 후 '왜 이런 생각을 하였는가?'에 대해서 토론 시간을 가지면 학생들의 창의력이 더욱 향상된다.

기존의 것을 변형하여 새롭게 만들어 봅시다.

기존 사물	변형	기존 사물	변형
가마솥	밥솥	가스레인지	인덕션레인지
호출기	휴대폰	유선전화기	무선전화기
장독대	김치냉장고	편지	전자메일
다리미	전기 다리미	전축	MP3

활동 44 결합을 통한 창의력 향상

이 활동은 기존의 것을 결합하여 창의력을 키우는 데 목적이 있다. 기존의 정보를 동원하여 유추할 수 있도록 질문을 던지거나 생각의 고리를 만들어 준다. 활동을 한 후 '왜 이런 생각을 하였는가?'에 대해서 토론 시간을 가지면 학생들의 창의력이 더욱 향상된다.

기존의 것을 결합하여 새롭게 만들어 봅시다.

기존 사물	결합	기존 사물	결합
운동화 + 롤러브레이드	롤러슈즈	휴대폰 + 사진기	카메라폰
모자 + 티셔츠	후드티셔츠	전축 + 텔레비전	PMP

활동 45 제거를 통한 창의력 향상

이 활동은 기존의 것에서 어떤 요소를 제거하여 창의력을 키우는 데 목적이 있다. 기존의 정보를 동원하여 유추할 수 있도록 질문을 던지거나 생각의 고리를 만들어 준다. 활동을 한 후 '왜 이런 생각을 하였는가?'에 대해서 토론 시간을 가지면 학생들의 창의력이 더욱 향상된다.

기존의 것에서 어떤 요소를 제거하여 새롭게 만들어 봅시다.

기존 사물	제거	기존 사물	제거
이어폰	블루투스	필름카메라	디지털카메라
유선 인터넷	무선 인터넷	유선 전기주전자	무선 전기주전자
전화기	휴대폰	주스	무가당 주스
유선 마우스	무선 마우스	수박	씨 없는 수박

활동 46 추가를 통한 창의력 향상

이 활동은 기존의 것에 어떤 요소를 추가하여 창의력을 키우는 데 목적이 있다. 기존의 정보를 동원하여 유추할 수 있도록 질문을 던지거나 생각의 고리를 만들어 준다. 활동을 한 후 '왜 이런 생각을 하였는가?'에 대해서 토론 시간을 가지면 학생들의 창의력이 더욱 향상된다.

기존의 것에 어떤 요소를 추가하여 새롭게 만들어 봅시다.

기존 사물	추가	새로운 물건
TV	컴퓨터	IP TV
자전거	아이폰	아이바이시클
전화	노트북	아이패드
핸드폰	카메라	화상폰
내비게이션	DMB	DMB 내비게이션

활동 47 적용을 통한 창의력 향상

이 활동은 기존의 것에 다른 것을 적용하여 창의력을 키우는 데 목적이 있다. 기존의 정보를 동원하여 유추할 수 있도록 질문을 던지거나 생각의 고리를 만들어 준다. 활동을 한 후 '왜 이런 생각을 하였는가?'에 대해서 토론 시간을 가지면 학생들의 창의력이 더욱 향상된다.

기존의 것에 다른 것을 적용하여 새롭게 만들어 봅시다.

기존 사물	적용	기존 사물	적용
사과	만유인력의 법칙 발견	돋보기	망원경
꽃잎	화전	렌즈	안경
치약	구강 청결제	비누	폼클렌징
애완견	다마고치	메모지	포스트잇

활동 48 반대를 통한 창의력 향상

이 활동은 기존의 것을 반대로 보아 창의력을 키우는 데 목적이 있다. 기존의 정보를 동원하여 유추할 수 있도록 질문을 던지거나 생각의 고리를 만들어 준다. 활동을 한 후 '왜 이런 생각을 하였는가?'에 대해서 토론 시간을 가지면 학생들의 창의력이 더욱 향상된다.

기존의 것을 반대로 생각하여 새롭게 만들어 봅시다.

기존 사물	반대	기존 사물	반대
배	잠수함	장갑	발가락양말
연필	지우개	취업	실업
죽음	출생 (탄생)	도시	시골
승리	패배	외국	국내

활동 49 과장을 통한 창의력 향상

이 활동은 기존의 것을 과장해서 창의력을 키우는 데 목적이 있다. 기존의 정보를 동원하여 유추할 수 있도록 질문을 던지거나 생각의 고리를 만들어 준다. 활동을 한 후 '왜 이런 생각을 하였는가?'에 대해서 토론 시간을 가지면 학생들의 창의력이 더욱 향상된다.

기존의 것을 과장하여 새롭게 만들어 봅시다.

기존 사물	과장	기존 사물	과장
이어폰	전화기	일반 돼지	슈퍼 돼지
초가집	아파트	계산기	컴퓨터
공책	노트북	사전	전자사전
새	비행기	자전거	자동차

활동 50 없는 것 만들어 보기

이 활동은 기존에 없는 것을 만들어 이름을 정하고, 용도를 설명하면서 창의력을 키우는 데 목적이 있다. 학생들이 새로운 생각을 하도록 지도한다.

창의력을 발휘하여 이전에 없던 것을 창조해 봅시다.

분류	이름	특징	만드는 방법
탈것	윙 바이시클	자전거를 날게 함	자전거에 제트엔진을 달아 만듦
먹을 것	아이스크림 튀김	차갑고 뜨거움	아이스크림에 튀김옷을 입혀 튀겨냄
입을 것	언더 아우터	속옷과 겉옷을 한 번에 입음	겉옷에 속옷을 결합함
식물	가구마	가지와 고구마가 열림	가지와 고구마를 접붙임
동물	돼소	돼지와 소를 합침	유전자를 조작함
제도	미소은행	가난한 사람들 은행	정부가 가난한 사람에게 돈을 무료로 빌려줌
풍습	미혼세	결혼을 증가하게 함	결혼 안 하는 사람에게 세금을 거둠
문화	음미제	음악과 미술을 결합	미술 감상하면서 음악 감상도 함께 함
책	전자책	책과 파일을 같이 제공	책에 파일을 부록으로 줌
게임	위	게임을 움직이면서 함	모션캡처를 게임기에 연결함

부 록

창의적 체험활동

'창의적 체험활동'이란 2011년부터 단계적으로 적용되는 2009년 개정 교육과정의 창의 및 인성 교육을 위한 교과과정 이외의 활동을 말한다.

창의적 체험활동에는 자율활동, 동아리활동, 봉사활동, 진로활동 등으로 구성되어 있으며, 그동안 운영되어 온 '특별활동' '재량활동' 등을 창의적 체험활동으로 통합한 것이다.

창의적 체험활동 시간은 초 · 중학교는 주당 평균 3시간 이상, 고등학교는 현행 주당 평균 2시간에서 4시간으로 확대하였고, 운영 시간 및 운영 방법은 학교 자율에 맡기고 있다.

일반계 고등학교의 경우 3년간 총 이수 단위 204단위 중 '학교 자율과정' 64단위와 새로 도입되는 창의적 체험활동 24단위를 포함한 88단위를 재량에 따라 편성할 수 있다. 따라서 매주 34시간 중 14~15시간은 학교와 학생마다 다른 과목, 다른 수업을 할 수 있다. 특목고나 자율고의 재량은 일반계 고등학교보다 확대된다.

창의적 체험활동의 문제점은 운영 방법을 학교 재량에 맡기다 보니 교사들이 구체적인 학습 계획을 수립하는 것이 쉽지 않다는 점이다. 외국의 과학교육의 경우에는 자유토론, 실험실습, 그룹활동 등을 다루는 정규 교육 프로그램이 있지만 우리나라는 극히 일부 학교에서만 '과학창의교실' 등이 운영되고 있다. 교육과학기술부는 이를 감안해 창의재단 내 창의인재기획단을 중심으로 '창의적 체험활동 종합지원시스템'이라는 실질적인 지원 방안을 마련하였다.

창의적 체험활동은 교과 이외의 활동이나 교과와 상호 보완적 관계에 있으며, 교과의 벽을 뛰어넘어 학생의 흥미와 적성에 따라 다양한 영역의 지적 · 신체적 체험활동을 통합적으로 경험하고 학습할 수 있는 과정이다. 따라서 창의적 체험활동을 본 취지대로 잘 활용한다면 미래를 대비하는 선진 교육 프로그램을 적극 실현할 수 있는 기회가 될 것이다.

창의적 체험활동 종합지원시스템

1. 창의적 체험활동 종합지원시스템 정의

창의적 체험활동 종합지원시스템은 교과 외 활동인 창의적 체험활동 상황을 자율적으로 기록·관리할 수 있는 시스템을 구축하여 자기주도적인 진로 설계·탐색·개척 능력을 신장하고, 학생의 인성, 잠재력, 소질, 적성 등을 종합 평가할 수 있는 학생이해자료로 활용할 수 있도록 만든 것이다.

'창의활동 시스템'은 크게 자기소개서와 자율활동·동아리활동·봉사활동·진로활동 등 창의적 체험활동, 방과후 학교활동·독서활동·포트폴리오 관리 등 기타 활동, 그리고 진로심리검사 등 부가서비스 등으로 구성되어 있다. 창의적 체험활동 종합지원시스템의 추진 배경을 보면 다음과 같다.

- 학생들의 자기주도적인 학교교육 활동 누적관리를 통해 진로 설계·탐색·개척 능력 신장을 위해서 창의적 체험활동 종합지원시스템을 도입·운영한다.
- 2009년 개정 교육과정의 창의적 체험활동 내실 운영을 위한 특색 있는 학교교육과정 운영과 책무성을 제고하여 고등학교의 경우 재량활동과 특별활동을 통합하여 창의적 체험활동으로 주당 4시간 이상 운영하도록 하였다.
- 창의적 체험활동 종합지원시스템은 학생들이 기록·관리한 자료를 토대로 하여 체계적인 진로·진학지도 자료로 활용할 수 있다.
- 창의적 체험활동 종합지원시스템은 종합적인 학생 평가자료를 마련하여 대입전형제도의 내실화 및 정착 추진을 목표로 하고 있다.

2. 창의적 체험활동 종합지원시스템의 운영 기본 방향

- 창의적 체험활동 종합지원시스템은 학생이 작성 주체가 되어 자율적으로 기록·관리하고 교사가 학생기록 내용을 확인하고 승인·보완하도록 되어 있다.
- 창의적 체험활동 종합지원시스템은 학교교육과정 중심 활동을 체계적으로 관리할 수 있도록 하였다.
- 최종 생성되는 e-포트폴리오는 학교생활기록부와 연계하여 다양한 대입전형 참고자료

및 진로지도 참고자료로 활용하도록 한다. 단, 2010년도에는 오프라인으로 출력해서 활용하고 2011년도부터는 온라인으로 제공 · 활용한다.

- 창의적 체험활동 종합지원시스템 활용을 학교 간 평가, 시 · 도교육청(2010년 9월부터 교육청 → 교육지원청) 평가자료로 활용하지 않고, 학교가 자율적으로 내실 있게 운영하도록 한다.

3. 창의적 체험활동 종합지원시스템 개요

- 창의적 체험활동 종합지원시스템 도메인: www.edupot.go.kr
- 창의적 체험활동 종합지원시스템 흐름도

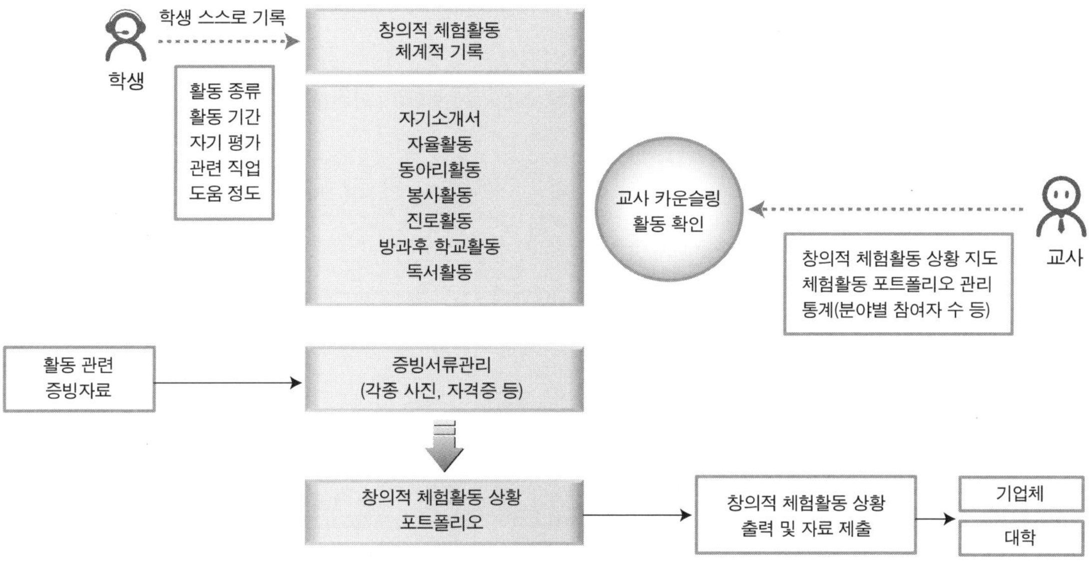

- '독서활동'은 독서교육종합지원시스템(www.reading.go.kr)과 연계 · 활용
- '나의 진로적성검사'는 커리어넷과 연계하여 검사 후 자료 활용

4. 회원 가입

- 교사 회원 가입: NEIS 인증서를 통한 회원 가입 후 학교업무관리자로부터 교사 승인
- 학생 회원 가입: 주민등록번호나 아이핀(I-Pin)을 통해 회원 가입 후 담임교사에게 학생 승인
- 학부모 회원 가입: 학생정보를 등록하고 학생에게 학부모 승인(현재는 학생 회원 가입 처리 중으로 학생 가입이 완료되면 학부모 회원 가입 가능)

5. 창의적 체험활동 종합지원시스템 학생 메뉴

영역		기록 내용
자기 소개서	중학교	인생의 좌우명, 가족 소개, 나의 장점 3가지, 좋아하는 과목, 존경하는 사람, 장래희망 등
	고등학교	인적사항, 성장과정, 가족환경, 역경극복사례, 지원동기, 향후 학업 및 진로계획(진학용, 취업용)
자율활동		적응활동, 자치활동, 행사활동, 창의적 특색활동(학생, 학급, 학년, 학교, 지역의 창의적 특색활동 등, 학교전통 수립, 계승활동, 범교과 학습활동 등) 기록
동아리활동		학술활동, 문화예술활동, 스포츠활동, 실습노작활동, 청소년 단체활동 등
봉사활동		교내 봉사활동, 지역사회 봉사활동, 자연환경 보호활동, 캠페인 활동 등
진로활동		–진로상담: 진로, 적성, 학습, 생활 등에 관한 상담활동 기록 –진로탐색 및 체험활동: 진로정보 탐색활동 및 직업체험활동 등 기록 –자격증 및 인증 취득: 자격증 및 인증 취득과 목적 및 동기, 소감 기록
방과후 학교활동		지속적으로 참가한 특기적성 중심의 방과후 학교활동 내용
독서활동		독서교육종합지원시스템(www.reading.go.kr)에서 기록한 다양한 독후활동 내용을 연동하여 활용
포트폴리오 관리		각 영역별로 작성된 내용 중 원하는 자료를 선택하여 자신만의 이미지로 편집하여 e-book 형태의 최종 포트폴리오 제작
학부모 승인		학부모가 자녀의 자료를 열람할 수 있도록 학부모 승인·반려 처리

※ 초등학교는 의견 수렴 과정을 거쳐 컨설팅과 지원단에서 점진적으로 추진 예정

6. 창의적 체험활동 종합지원시스템 교사 메뉴

메뉴	작성 내용
학생별 체험활동도	학생들이 기록한 체험활동의 내용을 보고 교사의 의견을 작성하고 승인 또는 반려 작업을 통해 보완 요구를 함
체험활동 현황	체험활동 현황을 조회할 수 있음
학생정보 관리	학생정보를 수정 및 관리할 수 있음
학생포트폴리오 관리	학생의 포트폴리오를 볼 수 있으며, 교사의 총괄의견을 작성함
학교 PROFILE	학교관리자가 입력한 학교 PROFILE 정보를 볼 수 있음
학생승인 관리	사용자 신청을 한 학생이 승인·반려할 수 있음
진로심리검사	학생의 진로심리검사 결과를 조회할 수 있음

7. 기대 효과

- 학생의 자율적인 창의적 체험활동 누적관리를 통해 자기주도적 진로 계획 · 탐색 · 개척 능력을 신장할 수 있다.
- 2009 개정 교육과정의 창의적 체험활동 교육과정의 학교 현장 조기 안착 및 창의적 특색 교육과정 운영을 위한 학교의 책무성을 제고할 수 있다.
- 학생들의 잠재력, 소질, 적성, 인성 등을 종합적으로 평가할 수 있는 신뢰성 있는 해당 자료를 통해 체계적인 진로교육 및 진학지도를 실시할 수 있다.
- 다양한 창의적 체험활동을 통한 창의력 신장 및 바른 인성 함양에 기여할 수 있다.
- 학생의 교육활동 입력 내용에 대한 신뢰성 확보 및 교사 업무를 경감할 수 있다.

학생 자료 입력 → 1차 담당교사 승인 · 보완 → 2차 담임교사 최종 승인 → 학교생활기록부와 본 시스템과의 공통서식 내용 다운로드 → 학교생활기록부에 업로드

- 담당교사(담임 및 해당영역 지도교사 등)의 승인과정과 담임교사의 최종 승인과정을 통해 대리 입력 및 사교육 발생 요인을 차단하여 학생들이 입력한 활동 내용의 신뢰성을 확보할 수 있다.
- 학교생활기록부의 서식과 본 시스템의 서식 중 공통서식 내용을 NEIS에 일괄 업로드함으로써 봉사활동, 자격증 및 인증, 체험활동 등에 대한 교사의 업무 경감 효과를 기대할 수 있다.

MEMO

참고문헌

교육부(1999). 중학교 교육과정 해설(I,V). 교육부.

교육부(2000). 제7차 중학교 학교 교육과정 편성 · 운영의 이해. 교육부.

교육부(2001). 특별활동-중학교 교사용 지도서. 교육부.

교육부(2007). 제7차 교육과정 편성과 운영. 교육부.

김봉환 외(2001). 학교 진로 상담. 학지사.

김충기(1997). 생활지도와 상담. 교육과학사.

김충기(2000). 진로교육과 진로상담. 동문사.

서울특별시교육연구원(2000). 디지털시대의 진로교육. 서울특별시교육연구원.

서울특별시교육연구원(1991). 학부모를 위한 진로 지도 100문 100답. 서울특별시교육연구원.

서울시교육청(2000). 바람직한 중학생 진로교육과 학부모의 역할. 서울시교육청.

전도근(2003). 자격증 이야기. 일진사.

전도근(2004). 한방에 끝내는 취업전략 . 크라운출판사.

전도근(2009). 자기주도적 공부습관을 길러 주는 학습코칭. 학지사.

전도근(2009). 명강사를 위한 명강의 전략. 학지사.

전도근(2010). 1 공부의 달인이 되는 기억력과 암기력 향상 전략(교사용 지도서/학생용 워크북). 학지사.

전도근(2010). 2 공부의 달인이 되는 주의집중력 향상 전략(교사용 지도서/학생용 워크북). 학지사.

전도근(2010). 3 공부의 달인이 되는 사고력 향상 전략(교사용 지도서/학생용 워크북). 학지사.

전도근(2010). 4 공부의 달인이 되는 학습동기 유발 전략(교사용 지도서/학생용 워크북). 학지사.

전도근(2010). 5 공부의 달인이 되는 읽기 전략(교사용 지도서/학생용 워크북). 학지사.

전도근(2010). 6 공부의 달인이 되는 쓰기 전략(교사용 지도서/학생용 워크북). 학지사.

전도근(2010). 7 공부의 달인이 되는 하자 스터디 플래너 100일. 학지사.

전도근(2010). 엄마표 초등 읽기 쓰기 길잡이. 북포스.

정재훈(2000). 사이버의 미래직업 여행. 동의공업대학.

충청북도교육과학원(2002). 나의 꿈 나의 미래. 충청북도교육과학원.

한국직업능력개발원(1998). 한국인의 진로유형에 따른 진로교육모형 개발. 한국직업능력개발원.

MEMO

MEMO

MEMO

저자소개

전도근

공주대학교 일반사회교육과를 졸업하고 경희대학교 교육대학원에서 교육공학을 공부하였으며, 홍익대학교에서 평생교육정책으로 박사학위를 받았다. 의정부고등학교와 의정부여자고등학교, 화수고등학교에서 16년간 학생들을 가르쳤고, 강남대학교에서 5년간 강의하였다. 지금까지 교육, 컴퓨터, 요리, 자동차, 서비스 등과 관련된 50여 개의 자격증을 취득하였으며, 각 대학교, 지방자치단체, 교육청, 평생교육원, 국가전문행정연수원 및 각종 기업체 연수원 등에서 3,000여 회 이상 특강을 하였다. 제1회 평생학습대상 특별상을 수상하였고, SBS 〈순간 포착 세상에 이런 일이〉, KBS 〈한국 톱텐〉에 소개된 바 있다. 『엄마는 나의 코치』『공부하는 부모가 공부 잘하는 자녀를 만든다』『생산적 코칭』『명강사를 위한 명강의 전략』『자기주도적 공부습관을 길러 주는 학습코칭』『내 인생의 내비게이션 자기주도학습 캠프』 등을 비롯한 100여 권의 책을 집필하였다.

창의적 재량활동 시리즈 [교사용 지도서]

4 창의력 향상 전략

2011년 2월 1일 1판 1쇄 인쇄
2011년 2월 10일 1판 1쇄 발행

지은이 • 전도근
펴낸이 • 김진환
펴낸곳 • (주) 학지사
121-837 서울특별시 마포구 서교동 352-29 마인드월드빌딩 5층
대표전화 • 02)330-5114 팩스 • 02)324-2345
등록번호 • 제313-2006-000265호

홈페이지 • http://www.hakjisa.co.kr
커뮤니티 • http://cafe.naver.com/hakjisa

ISBN 978-89-6330-587-5 04370
978-89-6330-580-6 (set)

정가 12,000원